十方 著

老宅的秘密
—— 学习作文的一种途径

文匯出版社

导言：天哪！作文怎么教

苦差事

我自认能训练女儿写作。以我的资历来看，这样的信心似乎很有底气：我是文学博士，从事语文教育，写过几本书。我对自己信心满满，没有疑虑。

直到某天，女儿指着考卷问我："妈妈，接下来写什么？"我才知道大事不妙了。

"如果你把花盆打破了，接下来要做什么？请试着描述几句看看。"

我涨红了脸，畏畏缩缩盯着这行题目。

"我把花盆打破了，所以就拿扫帚啊？"盯着下面空着的大幅白底，口水从喉咙口涌了起来。"扫帚，扫地的扫，扫帚的帚。"我把手举了起来，在空中拉出一条长线，代表扫帚的把。"扫帚——"拉长了尾音，我心虚地眨眨眼。

女儿瞪着龙眼核一般乌溜溜的眼珠，双手在桌面上围成一个圆团，像黄鼠狼似的仰视我。

"拿扫帚做什么？"

"扫地啊。"我说，用手指在答案空白的地方敲了敲。

"我、就、拿、扫、帚、扫、地，"我用力地把字一个接一个念出来，只想尽快交差。

"逗点。"我说。

"把、地、板、打、扫、干、净。"

"妈！"女儿尖叫起来，"这样只有两句！"

"两句？"

"对啊！"她显得有点愤愤不平，"怎么只有两句？老师说要写'几句'耶！"她的嘴巴扁了起来。

"两句不就是几句？"我把作业推到她的面前。"妈妈累了，"我开始哀求，"就先这样写好不好？"

"不好！"

女儿眼眶开始红了，眼泪像山间的泉水，汩汩地滚了出来。

"你每次都这样，都这样。"

"都怎样？"我的声音大了起来。

"都不好好帮我想啦！"她趴在桌上抽抽噎噎，一口气简直就要顺不过来。

我望着桌上揉成一团的作业，只觉得筋疲力尽，沮丧不已。

"到底是为了什么？带孩子写写短文，会这么难？"

我咕哝着，双肩往后一靠，拧眉翻了个白眼。

作文难教

对很多妈妈来讲，教孩子作文是艰苦的工作。不管她的孩子认了多少字，读了多少枕边书，事到临头还是一片空白。

我女儿的书桌上摆了一本《作文一本通》，封面边缘像烤鱿鱼似的卷了起来。这本书比起隔壁工地里的硬石砖略轻、略薄，单手举起半秒钟，手腕就会轻微颤抖。我们非常敬畏它，几乎到了膜拜的程度。

《作文一本通》里满是密密麻麻的文章，不仔细看的话，还以为整本书粘满了苍蝇头，拨也拨不清。

我的女儿每到要写文章的时候，就会急切地翻着这本书，嘴巴念念有词。远远地看去，这孩子就像弓着背煮汤的巫婆，两眼紧紧地盯着看煮出点什么。

每当这个时候，我的罪恶感就从心底涌了起来。这孩子没有思考，没有创造，她在便宜行事，抄袭交差。这种做法，跟制造伪劣食品几乎没有两样。

想到这里，一种舍我其谁的热情，从内心深处昂扬起来。

难在哪里？

写作是"想"出来的。正因为是"想"出来的，所以难教。

"想"往往发生在一瞬间,当你"想到了"的时候,脑子会闪现几个倏忽即逝、难以捉摸的画面。一般人很难说得明白,自己是怎么"想到的",当然也很难描述清楚,自己是怎么"想出来的"。

我们要了解,写作是一种很难说明白,很难锻炼的感性能力。这个情况有点像呼吸。我们懂得呼吸,也一直在呼吸,但是要我们说清楚自己怎么呼吸的,恐怕都会舌头打结,支支吾吾,说不得一个清楚。

作为一个母亲,写作"说不得一个清楚"的性质,对我造成莫大困扰,几乎已经到了山穷水尽、舌头打结的程度。为了交差,妈妈跟孩子开始背诵成语,模仿范文,一字一句照描刻版。我们熟读写作范本,烂背叠字词语,只求言之有物。这些努力,就像不播种的耕作,最终只是出一身汗、翻一地泥,不会有结果。

丢掉《作文一本通》吧

在学习之前,请先丢掉小孩桌上的《作文一本通》

吧!真正的写作能力,不是"背出来",是"想出来"的!做个大胆尝试!

在这本书里,你将会阅读一个惊悚、悬疑、好看的故事。通过情节,通过对话,你将掌握写作秘诀,理解创造、想象、描述的过程,提升孩子的组织力与创造力。

读完这本书,写作即将成为一场冒险,一场激动人心、充满创造力的冒险,让你带着满囊的星星前进!

目录

内裤／001

小贼／006

安图生／010

暗室／013

看见／030

现实链接一／054

配色／064

现实链接二／096

梦境／109

排列／120

现实链接三／145

秘密／153

后记／171

内 裤

这里的木头地板吱嘎作响,轻轻一动就像在树干里放鞭炮,真是要命。

小心,手脚要轻,不要发出任何声音。

我要偷他的内裤,拿个几条,不要怀疑。

我发誓看见过他的股沟。那家伙在阳台上懒洋洋地摊着上身,胳肢窝比一卡车的煤还要黑。我要为民除害,伸张正义。

今天是期中考的最后一天。趁老头还没发现之前,我想记录这个惊险的时刻。

俗话说得好:不入虎穴,焉得虎子。进了厨房,还怕身上热？年轻在世，应当勇于冒险，你说是也不是？

地板上有一股池塘边木头浸水的臭酸霉味，斑驳的墙面有几个小洞，剥落的墙皮散得到处都是。

手已经酸到不行了，像扛着什么东西上珠穆朗玛峰，要命。

楼下传来响动：脚步声。

他上来了！

我用手撑住地板，疯狂环视房间。书桌脚，椅脚，铸铁床架，地上揉成一团的纸。

我可以拧下床腿，劈头打他一个措手不及；也可以跳过书桌，从窗边逃出去。

啧！从不洗窗吗？玻璃像抹了肥皂似的，什么也看不清楚。可恶！

我们结下梁子，大概是两个月前，期初考试的那一天。

老头家的阳台恰恰对着教室窗口。他要是在二楼突出的阳台上伸手，似乎能碰着我。

各位同学,人算不如天算,天算不如不算。在我抄写王老大答案的时候,老家伙狠狠瞪了我一眼。

耶?大文旦哩?

古人说:"今天不做,明天会后悔。"同学之间互相帮助,相互合作,干他什么事?他老人家居然隔空戳我两下。

"不学好!"

我听见晒衣竿噼里啪啦卸下的声音,然后看着一根竹竿,朝我捅了过来。衣服在空中旋转,惊起几只好事的麻雀,尖叫着四处翻飞。我的脸全绿了。

"作弊!"他咆哮着。

晒衣竿不够长,离教室窗口还有些距离,他眼珠凸得要掉了出来。

同学!我造了什么孽?

他老人家打小孩,闲着也闲着。我还要不要混?

啊?要不要?

全校都知道了啦!

这辈子追我的人很多,每个都带刀。问题是捅我的人不多,基本是没有!胳肢窝小老头,我们梁子结大了!

我的头有点晕,身体僵硬得厉害。关节像灌了水泥胶,隐隐作痛。

声音又停下来了。

饭煮好了?

怀里的内裤团团皱在一起,传出淡淡的肥皂香。胳肢窝老头的不可思议、不三不四、不伦不类的四角花内裤,明天将在升旗杆上随风飘扬,供人瞻仰。

我要他知道,咱在黑暗面占有的一席之地!奋起吧!前进!

等一下,有声音。

有人上来了。

请跟我憋住气,跟我祈祷。

他不会进来,他不会进来,他不会进来,他不会进来,他不会进来,他不会进来,他不会进来,他不会进

来,他不会进来,他不会进来,他不会进来,他不会进来,他不会进来,他不会进来,他不会进来,他不会进来,他不会进来,他不会进来。

我的手快断了。

他不会进来,他不会进来,他不会进来,他不会进来,他不会进来,他不会进来,他不会进来,他不会进来,他不会进来,他不会进来。

啊?

不进来,不进来,不进来,不来不来不来不来不来。

呜!门开了。

请让我在这个悲壮的时刻深呼吸。

同学!

他来了!

小 贼

我的背一阵剧痛，胳肢窝老头拖着我滑出床底。

一阵热感冲上鼻尖，激得我眼泪都流了出来。

胳肢窝老头低头看着我，他的嘴唇在动，但没发出声音。

我想也没想，双手一抬，抓住他的脚踝。

他的脚奋力扭动，想从我紧箍的手中挣脱。

我的头简直要爆开了，太阳穴怦怦跳动。我注意到他的眼镜歪掉了，圆圆的镜片仿佛是撬开的弹簧。

"小偷！小偷！"他嘶声大喊。

一下，两下，三下，四下，一团巨大柔软的东西连连打在脸上,我脑袋里一片空白。

"小偷!小偷!"他发怒,用枕头朝我胡乱拍打。

恐惧雷击似的撞进我的血管,羞愧像潮水一样把我淹没。

"你!"他高举枕头,我肩膀向后躲着,胸口剧烈起伏。

"坏东西!"他叫着,眼睛像森林里的深潭,皮肤惨白有如尸体。

"你坏!"我说。

他叉开两腿,挥起枕头,朝我劈下来。我一闪,猫腰扑倒在地,从裆下钻了过去。他转过身来,我赶紧抱头鼠窜,枕头从耳边呼啸而过,砸中墙壁发出噗的一声闷响。

"不要跑!"他捡起枕头追我。

枕头击中了肩膀,我鬼叫一声,滑了一跤。

"你等等。"我狠狠瞪了他一眼,扶着书桌摇摇晃晃站起来。

怎么会弄成这个样子？

我奋力一跳，气喘吁吁地站上书桌，脚旁是一叠厚厚的稿子。

"下来！"他举着大大的枕头，脸色突变。

我心里闪过一个念头：稿子，拿稿子！我迅速蹲下去，抓起前面几页朝他晃了晃。

空气凝固了，他噎住似的撑大了眼眶。

"让我走。"我用力一捏，纸张啪嚓一声皱了起来。

他好像深吸一口气，而我吞了吞口水。

"好吧。"他缓缓放下枕头。

我跳下书桌，退后一步。

抓到了！

被抓到了！

胳肢窝老头靠墙站着，脸绷紧了，警惕地瞪着我。

抓到了！

被抓到了！

我跟跟跄跄地向门口退去，羞愧得几乎要尿了。

"对……对不起……非……非常……对……对不起。"

我慢慢地向后退着。不知怎么,夹在胸口的东西居然掉了下来。

内裤?

我低头一看,还好,总共三条只掉下来一条。

"搞什么?"老头看着地上的内裤说,"这种东西,这种东西,你也偷?"

"不学好!谁让你这样!不学好!"他骂骂咧咧,枕头又飞了过来。

枕头擦过门框掉在地上。

我后退着,在门外被枕头绊了一跤。我趁势朝右边一滚,像保龄球似的滚下楼梯,终于逃脱了。

安图生

"安、图、生。"王老大念着,用手摸了摸老头内裤的折皱处。

"裤头绣了名字?神人!"小尖头凑近这三个字闻了闻,对我露出一嘴钢牙,脸上是盈盈笑意。

"这东西八成是不小心带回来的。"我看了一眼窗外,对面阳台里有榕树的落叶,晒衣竿上空空荡荡。

"放轻松点,鲁超锋。"王老大说,用食指顶起这条内裤晃了晃。"大火烧不到龙王庙。"

"老头不会来学校告状的,我保证。以前我们也捉弄过他,他也没怎么样。"王老大用胳膊肘轻轻地捅了捅我。

小尖头附和地点点头。

"这可不一定。老头还真吓到了,不会善罢甘休。"我说。

"怎么说?"王老大向后一倒,看着我琢磨了一会儿。"他能怎样?"

我叹了一口气。

能怎样?我心里说,记个大过?留校察看?

我做了个砍头的手势,肩膀垂了下来。

"别郁闷啦!喝点可乐?"王老大说。

"没心情。"我说。

"娃哈哈?"小尖头说。

"知人知面不知心,寸金难买寸光阴。"王老大扭开可乐罐头喝了一口,把罐头放在我的面前。"我们还有时间。"

"时间?"我问。

"你伤了他自尊,去道个歉。"王老大直起身子说,

"把内裤还给他,负荆请罪,痛哭流涕。"

"去给他下跪?"我说。

"你是膝下有黄金喔?"王老大说。

"不要让你妈知道啦。"小尖头白了我一眼。

"你去不去?"王老大作势扇我一个巴掌。

我身子一软,趴在窗台上,一幅朦胧的画面从脑子跳了出来。

记大过,我要被记大过了吗?

我朝朦胧的黑暗中看去,看着自己背着书包落寞地走出学校。

鲁超锋!

面对现实吧!

你个没用的东西!

脑海回荡着一声深沉的叹息。

"好吧!我们去!"我挺直腰杆说。

对面阳台上,一片落叶飘了下来。

暗 室

1

我们绕了出去,在后门外隆起的坡上停了一会儿,俯瞰巷底。

五列中学的右侧有许多老房子,外墙有些破败,屋顶高高低低,胡乱跨着歪七扭八的电线。小巷沿着围墙延伸,呈一个弓形。

王老大斜挎着书包,小尖头甩着美术袋,我把双手抱在胸口,催眠似的不发一语。羊肠小巷坑坑洼洼,凹凸不平,墙角杂草在裤腿旁嚓嚓作响。

"根本就是鬼屋。"小尖头指着巷底被藤蔓覆盖的老宅，冲我翻了个白眼。

这座老宅的门廊木架塌了一角，脱落的门口顶灯被一根电线吊在半空中，随风微微飘荡。前院很小，芒草长得比半个人还高，果蝇嗡嗡乱窜。黑色镂花铁门像牙齿一样戳在干裂的泥地上，铁栅锈迹斑斑。

王老大攀住铁门，往里面张望。

"猪八戒的窝，都比这里好得多。"小尖头扁了扁嘴，勾了勾两个大拇指。

"老大，那些是常春藤吗？"我问。

"是吧。"王老大说，"问这个干吗？哎呀！那边，那边，鲁超锋！"

我顺着他的手指方向看过去，老宅侧面树丛中有一张小木桌。

"怎么？有什么特别？"

"上面！上面啊？"

我们屏住呼吸，伸长脖子去看。小尖头喊了出来："斧头？"

"像是,"我点点头。"上面有点红红的。"

"有病!"小尖头说,"什么年代了,难道还劈柴生火?真是有病。"

"你才有病。"王老大白了小尖头一眼。"那叫情调,碍着你了?"

"我没意见。"我摇摇头。

王老大嘎吱一声推开铁门,几只青蛙在我们脚下跳了开去。

小尖头往后一缩,五官挤成了一堆。

"呸!呸!呸!"他连连吐着口水。"虫,虫!"

几十只嗡嗡飞虫朝我们扑了过来。小尖头手忙脚乱地转着圈圈,双手在空中不停挥舞。

"安静!"王老大压低了声音,"你给我安静!"

"水!快点!"小尖头气得大吼,"进嘴,进嘴了!"

"没有。"我说着,半跪在泥地上,把手伸到书包里翻找。我真不想进去,真的不想。湿漉漉的泥水渗进膝头,升腾出一股新掘墓穴的气息。

"真的没有。"我仰头做了个鬼脸。

"妈的!"小尖头一边骂,一边连连吐着口水,用手背抹着嘴唇。"真恶!"他耸着肩,朝前走去,一步,再一步,第三步,踏到了门廊边。

小尖头背对我们,突然尖叫起来:"在动!在动!怎么会动?"

门内有什么东西咔嗒咔嗒作响。我听见了,王老大也听见了。

门突然开了,像是有人用力推了一下。

我和王老大对看一眼,交换一个惊吓的眼神,快步走了过去。

"开了?怎么回事?"我说。

王老大低下头,仔细研究门锁,拨弄锁头。

"别怕,"他说,"风吹的。这里这么潮湿,锁头松了,OK?"

"真的……"小尖头有点犹疑,"真的,要进去?"

王老大侧身往门内看了一会儿,扭头望了我一眼,眉毛轻轻挑起,大步走了进去。

2

我的视线沿着大屋墙边慢慢寻找,屋里飘着一股蘑菇发霉的味道。

我看着一条脏兮兮的红色地毯穿过大厅,消失在一片昏暗里,心里突然决定,要尽快低头道歉。

先跪下去,必要的时候抱住大腿。

我想象了一阵,屋里的壁虎零零落落地叫了起来,像要震破墙壁。

"现在怎样?"小尖头捏着鼻子问道。

"怎样?还能怎么样?"王老大说,"你要怎样?不就来找人吗?"

"我知道要找人。"小尖头有点闹了脾气,"人呢?难不成这里灯光美气氛佳,观光啊?"

"主人有事不在家,先勘查一下行不行?"

"勘查?我还考察嘞!有没有毛病?"

"好啦。"我说,"不要吵架。"

"就你意见多。"王老大对小尖头说,"早知道不让你来了,啰嗦。"

"别说,别再说啦!"我的眼角突然扫到什么动静,有个东西动了一下。

我转头看了一眼。

"怎么?"王老大问。

"没什么,没事。"我说。

一阵风吹来,掀起了窗帘,帘脚翻了翻,扬起了灰尘。

小尖头往后一缩,五官挤成了一团。

"有东西在动!"这一次,他也看到了。

"什么?"王老大瞪大了眼睛,视线在房子里扫来扫去。

壁炉边的穿衣镜,发病似的抖了起来。

怎么回事?

我看着那个拐角,穿衣镜就在那里。一串圣诞彩带瘪塌塌地贴在镜面，像条破壳而出的小蛇。周围没有风，彩带颤抖着，发出沙沙声。

有鬼？

小尖头叫了起来。

"看到没？你看啊？看到没？"

没有人回答。

镜子抖动的幅度变小了，慢慢地不抖了。我想起老宅外带血的斧头，脑中浮现巨大的新闻标题：

安图生老宅浴血奋战　中学青年误闯魔人境地　三人遇害身亡

我向前靠近一步，发掘鬼屋可是一种荣耀。这等功绩，能让亲朋好友传颂数十年。这是一种投资，不能放弃。

我又往前踏了一步，小尖头跟了过来。

我强迫自己走过去，站在穿衣镜前，脑袋一片空白。

砰。

声音是从镜子里发出来的，墙壁深处似乎有了生命。

我看了看王老大，用力吞了吞口水。

砰，砰，砰。

有人在里面？是谁？镜子里有人？

"打开！"王老大在我耳边轻声下了命令。

我的脑子一片空白。

"里面有东西在摇，打开！"

灵光突然一闪。

门！

我捂着嘴巴，抖抖索索地推了一下。

真是门！

镜子微开，里面有微弱的光。

一阵朦胧的敲击声传了出来，底下很深。

我看看王老大，又看看小尖头，心跳到了喉咙口。

怎么办？

底下的东西仿佛在等待什么，向我召唤。

我深吸一口气，用力一推，让暗室露了出来。

3

我们探了探头,全都屏住呼吸。

"下面有什么?"王老大问,"你猜?"

"地窖。"我说,"应该是个储藏室……放酒的?"

小尖头翻了个白眼,"酒?酒会摇来摇去?你个水母脑袋!"

王老大看看小尖头,又看看我,深吸一口气。

"怎么办?下不下去?"

"去。"我说,"好不容易来了,也许能破案呢?"

"破案?"王老大的声音有点颤抖,"这,这么厉害。"

他往下踏了一步,缩头避过天花板上的突起,战战兢兢往深处看着,又退了回来。

"你先。"他交叉双手窝在腋下,对我点了点头。

"真有什么事情,你一个人做,我们三个人当。"

"我先?"我问。

他一耸肩。"有人弄你,我们就在后面。"

"管用吗？"

"这事是你揽的，总得自己收拾，一卡车的保安队也不能保你过关。"

"我带着瑞士小刀。"小尖头说，拍拍我的肩膀。

4

"喂，"我咕哝着，"有没有闻到一股味？"

没错，的确有一股烧焦的味道，但是又说不出来是烧了什么。那个味道很干涩，有点像焚烧稻草。

我深吸一口气，蹬了蹬脚，一阵刺耳的吱嘎声响了起来，情况很不妙。

"别蹬了，赶快下去。"王老大说，"那是个梯子，不是弹簧床。"

"我看不到啊！"我说，"什么也看不到，要我摔死啊！"

木梯档在我脚下凹陷下去，天花板上的尘埃和昆虫干尸纷纷撒落，我的鼻子一阵发痒。

"轻点,轻点!"王老大压住嗓子喊了起来,"楼梯好像不太行呢,鲁超锋!"

我们并不知道下面有多深,很小心谨慎地往下走。一个凹陷的梯档被踏穿了,我脚下一空。

"唉喔!唉啊!"

王老大的双手用力抓住我的肩膀。"慢点!你慢点!"

我在黑漆漆的空中旋了半圈。

"鲁超锋!"王老大喊了起来。

"唉呦喂呀!"小尖头在尖叫着。

又一个木梯档被踏穿了,梯子倾斜,我们全都滚了下去。

我的头撞到一个坚硬的东西,顿时眼冒金星,恶心晕眩,好一会儿才缓过来。

"要死了!"王老大喊,挣扎着站起来。

小尖头的胸口牢牢抵住我的背,哀声道:"见鬼了,你是脂肪打八圈在身上吗?"他推了两次,才把我从他身上推开。

我朝上一看,我们已经在暗室的底层。往好处想,我们也算"直达",只是速度太快。

"还好吗?"我说。

小尖头站起来后右脚用力蹬了蹬,像只受伤的野狗喘着气。

"不就摔了一下嘛,"我说,"人没怎样。"

"没怎样?这样还没怎样?"他一把抓住我的衣领,"我要回家,现在就回家!"

我对王老大说:"你看!他这个人不可理喻!"

"好了,好了,"王老大站在中间,分别握住我和小尖头的手臂,"现在不要吵架。"

"不要吵架!"小尖头的脸涨得通红,"该打架!"

我想狠狠扇他一个巴掌,眼泪都快飙了出来。朋友朋友,猪狗不如。这世上真有人能患难与共,八百斤的肥猪也能飞天。真是悲哀。

我向后退了一步,视线始终没有离开小尖头。太阳穴没有规律地跳动,一槌一槌敲得我头痛欲裂。

我伸手去摸墙壁,又僵住了。

地下室有人。用余光就能看见。

胳肢窝老头?安图生?老先生?

他戴着头盔,头古怪地扭向一边,视线直直落在我的身上,缓缓抬起了右臂。

不管喊他什么,都不管用。这家伙看来疯了。

他的身上,我看到了小榔头,用红色细线悬在手臂,轻轻摇晃着。

我看着王老大,王老大看着我,我们靠在一起,惊恐地退到角落。

"谁,是谁?"他的声音从铁盔里发出,听起来十分遥远。

像精神病院里刚杀了人的病患,那家伙朝前踏了三步,头微微低下,视线一个接一个地落在我们身上,好像意识飘在了宇宙外太空。

我的肾上腺素急速飙升,眼眶胀得发热。那家伙看着我,黑色眼珠向上瞪着我们的眼珠,嘴微微咧开,露出红色牙肉。在铁铸的面罩里，眸子非常明亮。

小尖头啜泣起来。

"不，不知道。"

"不知道？"

他的头突然拧正，快得就像一条蛇。

"什么？"他说。

安图生一只鲜红的舌头翻了出来，慢慢滑过牙齿。他的嘴唇翕动着，纤长手指慢慢握住榔头木柄，双手齐握，用尽力气。

喔！圣母玛利亚耶稣基督穆罕默德安拉啊！

关圣帝君天上圣母真主安拉耶和华啊！

不要杀我！我想。

不要杀我！我屏住了呼吸。

没有防备地，他格格笑了起来。

别笑了，求求你别笑了。我默念着。

"不，不要！"我喊道。

他浑身抖了一下，手往空中画一个半圆，一时没有拿稳，榔头抛物线般滑了出去。

咚！

榔头掉在地板上，发出一声闷响。

小尖头的尿，终于洒了出来。

5

他把榔头捡了起来，深吸一口气。

我觉得手上有黏稠温热的东西，指间好像沾上了什么。

"有朋，自远方来啊？"他睁大眼睛。

"鲁、鲁、鲁超锋。冒、冒、冒昧打扰。"我说。

"认得！"他向后靠墙，左脚叠到右脚上，射穿人似的瞪着我。

"一回生二回熟啊！小朋友！"他额上抬头纹隐隐搏动，喉头像噎着一个核桃。

"兴致这么好，携伴旅游？"他问。

"没、没什么，我们马上就走。"我说。

"想来就来,想走就走,"他眯着眼睛说,"是把我家当公厕?还是把我当公厕?"

他摇摇晃晃,朝前踏了一步。

"谁能解释一下?"他说,手里的榔头向空中画了个半圆。

我想他会处理掉我们。像他这样的变态是不会给我们机会的。我最好想个办法,想个办法。

"不——要——不——要——"小尖头手遮裤裆,大喊起来。

"不干净,真是不干净。"他大皱眉头。

"别、别杀我。"小尖头啜泣着。

安图生忽然瞪大眼睛。

"什么?"他一把捏住小尖头的胳膊。"杀你?什么杀你?"

"你的榔头。"小尖头的声音痉挛般抖动起来。

"榔头?"

"放过我们,求求你放过我们。我们绝不跟别人透露"。我跪在地上,四肢贴地,抖抖索索。

安图生笑了出来。

"跟我求饶?"他的笑声简直像卡通片里邪恶的秃鹰。

"你们真是有趣。"他说,他把榔头举起来,左右端详了一下,眼神里满是戏谑的笑意。

"我是个作家。I am a writer."他说。

"你介意我们通通坐下来,好好谈一下吗?"他的牙齿露出来,闪了一阵白光。

我的胸口像是给人狠狠一击。

这是什么样灿烂的人生?

何等灿烂?

我向后一倒,恐惧缓缓退去。

看见

1

"你是个作家?"我问,"写书的那种?"

"嗯。"他锐利地盯着我,模样就像挺直背脊的黄鼠狼。

"我问你,摔痛了吗?"

我点点头。

"摔痛就好,"他拍拍大腿,"提醒我该设个售票窗口。"

"老先生,我……"

"楼里有些奇奇怪怪的声音是很正常的。"他推开长桌上的茶杯。"隔壁跟我像一家人,没事就来吃点东西,串串门子。今天早上,我总觉得哪里不对,那感觉不大熟悉。"

"安老先生,"王老大发话了,"我们是来道歉的,为上次的事情道歉。"

胳肢窝老头清清嗓子,用手在喉头揉了揉。

"道歉?踏穿了我的梯子道歉?"

我干巴巴地勉强一笑。

"真是有诚意,诚意得不得了。"他说,"上面没有门铃?怎么不敲个门?"

"我们不是故意的。"我的声音飘渺微弱,不敢直视他眼睛。"你的门是自动开的,上面没人。"

"门是自动开的?"他神情凝重地望着我,模仿起便利店的迎客铃声:"叮咚!"

"我已经够忙的了,忙得像狗,我敢这么说。"他点了点自己的太阳穴,"写稿需要安静。你们别没事找事,老往我家跑!"

"抱歉。"我的声音虚弱地飘在空气里。

他喝了一大口水,做个鬼脸。

"就是小偷。"他朝我一指:"你是。"又转向王老大跟小尖头:"你俩也是。"

"上次也就算了,就拿走一些没用的东西。这次是怎么回事?活到老偷到老是不是?"

"现在就去警局。"他从圆椅上略略调整臀部的角度,脸上毫无笑容。"交给警局,给你们教训。"

我的脸刷的一下红了起来,心怦怦乱跳。

王老大看我一眼,吞了口口水,对老头说:"你家出过事。"

"什么?"

"斧头跟榔头上有血,"我用力抿了抿嘴唇,"肯定有点猫腻。"

"年轻人,说什么呢?"

"别以为没人看出来。"王老大用手撩了撩头发,"在这里,谁知道发生过什么?"

"什么?"安图生显得非常惊讶。

"放我们回去,"王老大仔细观察着他的反应。"谁都不能承担这个后果。"

"如果不想被揭穿的话,我劝你帮自己一个忙,也帮我们一个忙,让这件事情过去。"我说。

"哼!"安图生说,"我还是个失心疯的杀人魔了,对吧?"

"那么,"他从圆椅上站起来,右臂抬高,爪子伸过来,"我何必放过你。"

2

我的处境万分惊险,随时都有可能牺牲。

老头忽然把爪子缩了回去,对着我的鼻尖轻轻吹气。他眼角满是没擦干净的眼屎。

"真——有——才——"他故意拉长了尾音。"你们知道不少,是不是?"

"猜的。"王老大显得有点不自在,"我想事实差不了多少,斧头,榔头,这个房间……"

"斧头,榔头!"他音调严厉起来:"我还弹头嘞!这有什么问题?要不是我忙着改旧稿,一定写个新的故事,神经1号2号3号!你们就当主角!"

"安、安、安老先生。"我企图缓和气氛。

"你拿着榔头干吗?这未免太奇怪了吧?"王老大不打算消停。

"奇怪?"他不咸不淡地看了他一眼,"我在'看见',你懂不懂?"

"看见什么?"我问。

"看见一个画面。"

我和王老大对看一眼,交换一个困惑的眼色。

"看见一个画面干吗?"我问。

"先看见,再写作。这是一个最重要的秘诀。没人教过你们吗?"他露出一个薄如刀锋的笑容,"不像样,真是不像样。"

3

"往前一点,年轻人,"安图生朝我点点头,"给我听清楚。"

我犹豫一下,侧着身体勉强向他靠拢。

"你蹲下来一点,跟我面对面。"他说。

我照做了,头隐隐作痛。

"你看上去挺聪明,年轻人。"他用食指肚拍拍我的脸颊,"额头高耸,耳高过眉。你不写故事吗?"

我张口结舌地瞪着他:"什么?"

"说故事,写作啊。"他双手在弯曲食指和中指,仿佛帮这几个字加上双引号。"很久很久以前,在遥远遥远的地方,有一个城堡……这种故事,你不说吗?"

"不、不说。"

"如果你想说故事,就要先'看见'。"

"看见?什么看见?"

"看见主角是谁,看见主角发生什么事。"

我回了一下头,见小尖头在轻耸双肩。

"看见他住在哪里,门前的树长什么样子,看见他的门牌。总之,要先'看见'。"他又用手指作引号状。"写一个故事,只有在脑子里看清楚了,才能写得下去。"

这跟我有什么关系?我敷衍地点点头,在心里翻了个白眼。

"别只是站在那里,问啊,问我怎么看,脑子里的东西怎么看。"他用食指肚拍拍我的脸颊。

"怎、怎么看?"我说,眼眶一阵发热。

"你看过电灯泡吗,年轻人?"他指着昏黄的灯光。

"看过,先生。"我当然看过,不就是灯泡嘛。

安图生从椅子里站起来,伸手向上,掌心轻轻托住圆圆的灯头。

"好好看着这个'灯泡',注意它的弧度、它的颜色,记住它的大小。"

这老头的精神绝对有问题,我敷衍地点点头。

"记住样子了没?"他把灯泡旋下来。

光线不见了，我们三个人待在角落里，喘着气，全身出汗。

"小朋友，现在还看得见灯泡吗？"

我耸了耸肩，在黑暗里用力地摇头。

"看得见的，好孩子。"

"怎么看？黑掉了啊。"小尖头说。

"看得见，在脑子里看得见。让灯泡的样子在你的脑子里'再现。'"

"脑子里？不懂。"我说。

"亲爱的，回想刚刚看到的灯泡样子，回想它的光晕，它的颜色，它的大小，让灯泡的样子在脑子里再现。"

"再现？"小尖头像只老鼠似的尖尖细细地笑了起来。"只知道肉馅，不知道再现。"

"你脑子里有一个灯泡，我脑子里有一个灯泡，他脑子里有一个灯泡，每人脑中的灯泡不见得一样。"安图生吐出的气息飘到我面前。"你看得到，我看得到，他看得到，任何人都看得到。"

"我明白了。"王老大说。

"这就是'看见'，看见'意念中的形象'，简称'意象'，都懂了吗？"他旋回灯泡，房间里又亮了。

4

"'意象'？我只知道意面。"小尖头又格格笑起来，身体像大雨里的小花颤抖着。

老头的脸胀了起来，一把抓住小尖头的手，紧紧捏着，看起来非常用力。小尖头的眼睛突然瞪大了。

"够了！"小尖头的一声很尖细，几乎让我的耳膜发颤。

"你刚才笑什么笑！写的人跟看的人，可是通过'意象'心灵相会。"老头说。

"相会？"我说。

他皱起鼻头，"怎么，不懂？"他举起两根食指，噘着嘴让它们碰在一起。

"确定?"他扬起眉毛,扁了扁嘴。

我摇摇头。

安图生从衬衫的兜里拿出餐巾纸,边角印着"喜年来茶餐厅"的红色字样。他在餐巾纸上写了一行字,笔迹断断续续,但还算清楚:

不要想象爱因斯坦在光速上冲浪。

"干吗?"我问。

"你看到了。不、要、想、象、爱、因、斯、坦、在、光、速、上、冲、浪。"他指着这行字,故意放慢声音念。

"光速?冲浪?什么意思?"王老大问。

"你能做到吗?看到这行字而不想到冲浪的画面——我是做不到,你做得到?"他说。

"我是想到爱因斯坦的头发啦。"小尖头说,"在冲浪时,头发一定往上冲的嘛,银白色,跟狗毛一样?"

"嗯,继续。"安图生说,"他的泳衣,你看得清楚吗?"

"是红色的，上面有条纹。像内裤，特别是你的内裤。"小尖头说。

"是了！"他微微一笑。"看见！看见！看见！我们通通看得见！"

对着我们的脸，安图生调整自己的位置，长长叹了口气，屁股向后缩了一下。像是与老朋友在一起，他左倾身体靠在扶手上。我突然想到，我们全都"看见"了，"看见"爱因斯坦在冲浪。

"写作就是这么回事，年轻人，"他说，"通过一些字，读的人就能看见作者想出来的画面。我们通过意念中的画面，互相理解。这个过程全部是靠'想'完成的。"

"所以我们心灵交会？"我说。

"是的。"他说，"不算太笨，蛮好蛮好。"

安图生给自己点了一根烟，又给杯子里添满水，然后举起杯来。这茶微泛灰色，他的眼珠似乎更灰一点。他的头发是银色的，很硬，中间有点秃了，露出的一小块头皮又油又亮。今天,他穿着红色绒布上衣,袖口起毛。手指修长,指甲有裂纹,似乎不太健康。

"来,跟着我念,年轻人。我念一句,你们跟着我念一句。"

"那女孩,"他说,看着我点头微笑。"那女孩,"我喃喃道,声音在阴暗的小房间里缭绕。王老大瞪着困惑的眼睛,小尖头用右手捂住嘴巴。

"就像森林中,"他说,"深不见底的沼泽。"

"就像森林中,深不见底的沼泽。"我们说。

"不知道隐藏了什么秘密。"他说。

"不知道隐藏了什么秘密。"我们说。

安图生的眼神开始透出某种感情。是感动吗?似乎是的。

"人们经过,会被那沼泽深处一闪而过的光芒吸引,情不自禁地靠近。啊!情人的眼泪如鲜血,可以染红冰岛成玫瑰。"安图生开始左右摇摆。

"好美的意象啊!"他双手合十,从椅子里站起来。

"作家在组装意象。"

我们面面相觑,不知道说什么好。

"读着这些句子,你的脑子里的画面会闪一下!闪一下!闪一下!"他张开爪子,似乎压抑着激动。"美女!沼泽!光芒!血色玫瑰!"

"什、什么意思?"

"什么意思?再仔细想想。"

我想了,电脑中毒,屏幕中的画面会不停地闪烁。但那是"当机"呀!难不成还得把当机当有趣?我不打算再想下去了,决定保持沉默。足有一两分钟,无人吭声。

"听不懂?还是不懂?"他咧嘴坏笑。

"创作从来不是一件易事,安图生先生。"王老大谨慎地说,夸张地敬了个礼。

"失、失敬。我们真是误会大了。虽然这里的东西有些古怪,有的甚至是危险品,但是我想应该是有不为人知的作用。"

"也许，是您产生创作灵感的工具？"王老大试探地说，"我们不懂，安先生，榔头拿来做什么了？"

"不就拿来敲东西？也许像你们说的，就拿来敲人了？"老头脸上开花似的笑了出来。

"你敲人了？"我压低声音，"什么地方？总共几个？"

"绝了，年轻人。我敲的东西还没弄完呢？"他用比我更低的声音说："要不要看看，弄个清楚？"

我点点头。

"靠过来一点？"他说。

我心里紧张个半死，满脸涨得通红。半空中有一个我跳了出来，被榔头敲得头破血流，眼珠陷了进去。

精神病患……杀人魔王……假扮作家……

我看了一眼朋友们，他们颈子也涨得通红，好像熟透的龙虾。

安图生掀开一块盖着的大黑布。

"自己看。"他朝旁边退了一步说，"这是'月夜'，一个'画面'。"

我浑身起了鸡皮疙瘩,一张脸垮了下来。

"小木盒?"我说,声音有点不像自己的了,尾音做作地上扬。

"里面的沙子是做什么的?"王老大问。

"沙洲啊。"安图生的视线尖锐起来,"你要'想',常常练习'幻想',知道了没?"

"这是小河。"他指着木盒里石砾沙土中的一段小沟。"月夜,沙岸,河水流淌,很宁静的景象。"

我揉了揉眼睛,疲惫不堪地耸耸肩。

"看了巴金的《月夜》,实在很有感觉。"他说,"昨夜睡不着,索性模拟文章中的景色,帮助自己看见。"

"榔头敲的是木盒?"我说。

"还用榔头把图片钉在墙上。"他说。

我在一片混乱的长桌旁刚想转身,他就把手搭在我的肩膀上。

"给我听好,"他指着墙上的图片说,"图像能帮助你思考。懂吗?"

我一脸茫然。

"来看《月夜》,看过就明白了。"

5

圆月慢慢地翻过山坡,把它的光芒射到了河边。这一条小河横卧在山脚下黑暗里,一受到月光,就微微地颤动起来。水缓缓地流着,月光在水面上流动,就像要跟着水流到江里去一样。黑暗是一秒钟一秒钟地淡了,但是它还留下一个网。山啦,树啦,河啦,田啦,房屋啦,都罩在它的网下面。月光是柔软的,透不过网眼。

"写得怎样?很棒吧?"安图生说。

"很好,非常好。"我心不在焉地回答,"真有感觉啊,安先生。"

"非常优雅。"王老大对我眨了眨眼,"大作,大作啊!"

安图生吐了一口气,手指在这段文字上滑来滑去。

他叫我们看满墙的图片。

"这些是我从各个地方搜集来的。"

"用榔头钉图片?"小尖头问。

"有些是钉的,有些涂上黏胶。"他说,"我让这些图片在脑子里组合,变形,然后写出来。"

"像在电脑上修图?"我说。

"勉强可以这么说吧,有点像拼图。这就是让人发疯的创作过程,"他说,"会死人的"。

我也要死了,而且在我十四岁的时候。要命!十四岁耶!听这些干什么啊?

我把离我最近的一张图片轻轻掀起,一闪之间,还以为它会蒸发。当然是没有,也没什么特别的。

"这是照片?"

他点了点头。

"作家会储存各种图片,包括照片、绘画等。"

"这些都是你收藏的?"我在每面墙壁前都转了转,没有地方幸免于难,通通被或大或小的图片遮盖。"您把图片当墙纸用了。"

"喔,这没什么,作家不能少图片库。"他对我咧嘴一笑。"你们恐怕很难想象吧?"

当然很难!

我应付着抿嘴一笑,心里厌烦起来。写作秘诀?谁有兴趣?我的膀胱快憋不住了,要喷射了,待在这里真没意思。

"反正呢,我觉得你们应该练习一下,不会吃亏的。"

"是不吃亏。"我看着墙上一幅肖像画,呆站着恍神起来。

接下来呢?我默默自问,拍他的马屁?郁闷至极。

还没等我想出答案,也没等我做出一个不要脸的拍马屁姿态,王老大凑了过来。

"一个女人头,"他对我挤了挤眼,"蛮漂亮的。下面的签名是 lu,什么人?"

老头没出声,只是摇摇头。

女人俏皮的翘下巴,长发松松散在肩上,手指点着嘴唇，笑得有点诡异。

不知为什么，我感觉自己仿佛被推进她的眼睛，越陷越深。字母 lu 在我眼前烧炙闪耀，一种奇妙的干草味飘在空中。我战栗着恶心起来。

"我想吐，"我喃喃自语，"头好晕啊。"

王老大拍拍我的肩膀，在我的耳边说："同学，装得蛮像，请继续。"

谁装？

我在心里大叫着。

画里的女人太性感了：嘴唇厚而柔软，又红又亮；好像打扮得太早熟了。我知道了她的打扮为什么显得有点做作：涂珊瑚红的指甲油未免太过刻意；斜戴在头上的白色木耳边仕女帽，让她看起来就像海底的水母，大得滑稽。

我盯视着这张肖像，突然有电流闪过耳旁尖，窜进脑门，从眼窝迸发出来。

我仿佛喝了几斤烈酒，浑身飘飘荡荡。

"她露门牙了！"我冲着画大喊，声调陌生得让自己也吓一跳。"她的牙啊！你们没看到吗？"

"没、没有啊？"小尖头看着肖像说。

"鲁超锋，你怎么了？累了吗？"王老大看看我，又看看肖像，"你怎么看得见牙？她合着嘴。"

"是看见了。你们不信？"我手搭安图生的肩膀，古怪地笑了起来。

"是牙啊。"我责怪地看了他们一眼，"人家的牙啊。"

我在说什么啊！

"鲁、鲁超锋，你干吗呢？"小尖头说。

"还能干吗呢？"我安慰着朋友，"就陪着你，对吧？我知道你很害怕，我知道你很想回家。"

"是、是想回家。"小尖头的声音有点颤抖。

我的精神仿佛被吸进一个模糊温暖的黑洞。

"嗯——"我低声呻吟着，一阵电流又窜进脑门，穿过脊髓。

好温暖啊，真是好温暖啊！

我慢慢地把安图生转了过来,盯着他的眼睛。

也不知道为什么,他的眼皮啪搭啪搭地扇着,意识好像在环游外太空。

请告诉我,他为什么这么可爱?

我的嘴凑了过去,停止了呼吸,深深一吻。

巨大的吸吮声钻进耳窝。

朋友们响起了裂帛般的尖叫声。

6

"鲁超锋——"王老大的喊声响彻云霄。

我浑身发抖,直直地向后倒去。

"压住他!压住他!"王老大说。

小尖头扑了过来,压在我的身上。

"中邪了!"小尖头一只手紧紧顶住我的下巴,让我动弹不得。"邪灵退散!老天爷!邪灵退散!"

我听见自己上下颠抽的拍打声,心神全然瘫痪。眼前的世界陷入痉挛,许多炽烈的光点飞闪而过。

"救护车！救护车！"安图生的声音变得很遥远了。

我艰难地吸气，呼气，再吸气，再呼气。救护车的警铃声，由远而近传了过来。我听到一声"超锋"，就沉沉地睡了过去。

提示

1. 安图生先生说,写作最重要的秘诀:先(　　　),再(　　　)。

2. 安图生先生说,写作就是捕捉(　　　)中的形象。

3. 作者与读者是透过脑袋中的(　　　)交流的。

4. 一个好的作家,就是一个好的(　　　)。

　　A 厨师　　　　B 导演　　　　C 舞者

5. 作家的工作是(　　　)。

　　A 帮助我们看见　B 帮助我们听见　C 帮助我们闻见

6. 安图生先生造了一个木盒,目的是?(　　　)。

　　A 看见一个画面　B 打发时间　　C 放置尸体

7. 安图生先生说,(　　　)帮助他思考。

　　A 图像　　　　B 美女　　　　C 小猫

答案

1. 看见　写作
2. 记忆
3. 画面
4. B
5. A
6. A
7. A

现实链接一

安图生的"心眼"

在故事里,作家安图生坚守暗室,每日创作。他说,只有在"脑子里看清楚"了,才能写得成功。这个"看清楚"的过程,就是打开"内心之眼"的过程,也是创造"意念中的形象"即"意象"的过程。安图生每天都在锻炼自己"幻想的能力",鼓励一种"幻觉"。他告诉鲁超锋,作家的工作就是锻炼"心眼"与"幻想"。这种说法,确实很新鲜。

对我们来讲,"胡思乱想"是偷懒的行为,鼓励孩子们的"幻觉"更是"罪大恶极"。回想起来,孩子们在进入小学之后很少被鼓励去幻想(看哪!小飞象飞起来了),而做有标准答案的试题(甲午战争始于哪一年?水是怎么变成水蒸气的?)的能力被强化了。我们不鼓励孩子们沉浸在一个故事里,好好停留在感动的情绪中,问问自己感觉到了什么;以为"幻想游戏"属于混乱不清的思维,只能充当娱乐,登不得大雅之堂。

在我们的教育里,概念、知识、联系、区别、推理,才被视为是大脑中高级的认识活动。教作文的时候,习惯要孩子背诵成语,熟练修辞。

作文不是"背"出来的,是"激"出来的。心眼本来就在那里,我们要帮助孩子打开它、使用它、锻炼它,让意象凝聚得更快、更丰富,并能排列、派生、变形。这是写作的核心能力。

下面是一些练习,请让您的孩子多做几次。

一、打开"心眼"

1. 成功一半

写作的秘密就在"心眼"。这种"在心里面看见"的能力，就是想象力。

当我们在写"我的妈妈"的时候，心里会浮现妈妈的脸：也许是她的发型，她的眉毛，最后是她的眼睛。我们会在心里回想、聚焦、勾勒妈妈的体形与轮廓，然后提起笔，像拧毛巾一样，一点一滴写出来。这个"回想"、"再现"、"拧毛巾"的过程，就是写作的过程，也是一趟"心眼打开"的过程。

作为一个引导者，我们的工作就是引导孩子打开心眼，让他描述自己在心目中看到的东西。做到这一点，写作的训练，已经成功一半了。

2. 暖身练习

对话一：

孩子，闭上眼睛，深呼吸。

想象一只狗向你走来。

看到了吗？那是多大的一只狗？

什么颜色？

它戴着什么项圈？身上有穿衣服吗？

那只狗跟你说话了，你觉得它说了什么？

对话二：

孩子，闭上眼睛，深呼吸。

那只狗抬起前肢站起来了。

看到了吗？它站起来有多高了？

它的肚子是什么颜色？你还看到了什么？

狗发出一道强光了，它正在变身。你觉得它会变身成什么呢？

法老王？

那是一个什么样子的呢？从头到脚描述一下？

对话三：

孩子，闭上眼睛，深呼吸。

那个法老王不见了，化成一道烟。

看到了吗？那道烟有多宽了？试着比一比？

那道烟开始飘浮、漂浮，散开，又聚在一起。

烟把我们包围了，孩子。它环绕着我们，发出嘶嘶的叫声。

你看到我们被烟包围了吗？从上面看下去，被烟包围的我们，是怎么靠在一起呢？从旁边看过去，被烟包围的我们，是什么样子？

你对我说了什么呢？表情是什么？描述一下？

二、观察顺序

1. 狗

当我的女儿描述一条狗的时候，她的语调几乎都是很兴奋的。她想什么就说什么，一点大小姐的优雅矜持都没有，沾沾自喜。

"我知道！我知道！那只小狗的毛是金色的！"

"而且很卷喔！像爆炸一样卷起来！"她弟弟在旁边大声喊着。

"喔，爆炸啊，怎么个爆炸法呢？"我轻轻叹了一口气，压抑自己的不耐烦。

"炸啊！嘣！"儿子开始模拟爆炸状，双手朝空中投降似的举起来。

"爆炸时狗就跳起来了。"女儿咧嘴，露出掉了一半的黑黑大乳牙。

我简直没办法让他们停下来，他们描述东西没有什么规律，天马行空，胡诌乱扯。

文章是给人看的，要让人看明白，就得在下笔前整理思路，分类、排序。我们必须引导孩子有顺序地描述对象，有层次地进行想象。

2. 头

"宝宝，你看到那只狗了吗？"我对女儿的引导开始了。在这之前，不怀好意的儿子已被挟持到他爸爸的书房里。

"看到了，妈妈。"她睁大了眼睛。

"那是一只什么样的狗呢？"

"嗯，黄色。很大的狗，比乐乐家的狗还大。"

"有多大呢？亲爱的，你这样跟我说实在很难听懂。"

女儿的嘴嘟了起来。

"从'头'来过好吗？我的意思是，从狗的头开始看起，再来看身体，尾巴，还有四只脚。"

"你知道狗是四只脚的吧?"我挑起眉毛,试探地望她一眼。

女儿朝我翻了个白眼。

"妈——咪——"她懂得我的意思,仰起下巴,耸了耸肩。

"从'头'开始是吗?干吗不从你的'头'开始?"她盘腿坐了下来。

3. 建议

你要知道,教孩子写作,实在是世界上最有成就感的事情之一。作为一个被小孩折磨的妈妈,我有一个实用建议。当孩子要"描述心里想象的一条狗"的时候,带着孩子"由高到低地想","由里到外地想","由上到下地想","由左到右地想"。让狗的样子在"心眼"里再现,事情就容易多了。

请试试下面的对话游戏。

对话一:

孩子,闭上眼睛,深呼吸。

想象一只狗向你走来。

看到了吗?那是多大的一只狗?

它的耳朵是高的还是低的?

它的脸是大的还是小的?

它的眼珠是什么颜色?

它的鼻子是尖的还是扁的?

你的鼻尖顶到它的鼻尖,有什么感觉?湿不湿?

它戴着什么项圈?项圈是松的还是紧的?上面有什么装饰?

它身上有穿衣服吗?什么样子的衣服?

它的腿是长的还是短的?脚掌是厚的还是薄的?

它的尾巴是下垂的还是高举的?

对话二:

孩子,闭上眼睛,深呼吸。

那只狗嘴巴张开了,你走进去了,不要张开眼睛。

顺着狗的舌头,你滑了下去。

孩子,你说说看,坐在舌头上是什么感觉?它的牙齿有没有味儿？

你滑进去了，它正在吞口水。你看到什么？

往左边看，你看到什么东西？

往中间看，你看到什么东西？

往右边看，你看到什么东西？

往上面看，你看到什么东西？

往下面看，你看到什么东西？

它深吸一口气，像弹簧床一样把你弹了起来。

撞到左边了，你感觉到什么？

撞到上面了，你感觉到什么？

撞到右边了，你感觉到什么？

跌到底下去了，你感觉到什么？

对话三：

孩子，闭上眼睛，深呼吸。

狗把你从它的喉咙里喷出来了。

你弹在半空中，低头看它的大嘴巴。

从最高的地方看下去，它的喉咙是什么颜色？

你跌下去了,四目相对,它的眼睛是什么颜色?

三、结语

恭喜你!打开心眼的练习已经完成了!

让我们把故事看下去,看看鲁超锋又发生什么事,安图生会多说点什么,带给我们什么启示。

继续前进!

配 色

1

我醒来的时候,正在被人翻过身——还好穿着内裤,至少不是裸体。空气里弥漫着浓浓的药水味。呼吸机嗡嗡嘤嘤的低频音,从半空中漂浮过来。

我把眼皮撑开最细的一条缝,上面好亮,一个光点,两个光点,后脑勺沉沉陷入枕头里,感觉恍恍惚惚。

翻回身的时候,推着我的两条胳膊突然松开了。我重重跌回床板上,撞痛了背脊。

"头还晕吗?"护士问。

护士帽在灯下白得刺眼。我麻痹感减轻,太阳穴一跳一跳钝痛。

我弓起身，深吸一口气。

"白马王子醒了，公主在哪里？"王老大俯瞰我，眨巴着眼睛。

我用力翻了一个白眼，生怕他没看清楚。

"触感好不好？鲁超锋？有没有带着什么味？"

"笑什么笑，没礼貌。"

"你妈已经来过了，她和我们聊了很久，使尽吃奶的力气，你妈才相信我们没闯空门。""那很好啊，还有吗？你这表情是什么意思？"

"她去找心辅老师。"

"找心辅老师干吗？"

"你妈觉得你有心理问题，惊吓过度什么的。"

"是，同学，她早觉得我有病，大大有病。"

"看起来，你妈想让你检查一遍。"

"她巴不得，我了解。"

王老大斜靠在墙上，领口露出鲜肉色内衣。我不禁想，来了多久？一天？半天？见缝插针，遇洞灌水，这家伙逃学逃成仙了。

"你必须说服你妈，你只是一时兴起，太过紧张而已。你的精神毫无偏差。"

"怎么说服？剖开脑子？说得容易！"

"我理解你妈，鲁超锋。"王老大拍拍我的被子，"事情到了这里，情况已经不是我们能控制的了。虽然安图生老头不追究，你那天的表现还是很不正常，就像一个发了癫痫似的。"

"是很怪异。"我说。

"坦白讲，同学，你是有点毛病。"

王老大盯住我，用手把我的下巴抬了起来。

"你要不要做个检查——脑波鉴定什么的，全套。那是我的建议。也许，你确实应该找心理医生聊一聊？我是说，要是你真有病……"

"够了喔？"

"如果没事，就放心了。你必须做点什么，直到让你妈放心。这也不是多严重的事,不就是仔细地检查吗?有什么了不起?"

我有点被说动了,"有理。"

"我帮你搞定。"王老大耸耸肩。

"跟你妈沟通好就通知你。"他歪嘴一笑。

"对,"我说,"我要在学校门口贴海报,上面写'鲁教主身心康健,今日出院'。"

我们放声大笑。

2

半夜醒来时,我的肚子已经饿了很久。

我一动不动地躺在病床上,望着天花板中被风吹动的树枝黑影,下腹突然一阵抽痛。

"妈,"我试着找人,"你在吗?"

没有回答。

我翻身下床走到门前,一点钟?还是两点?我模模糊糊地想着,瞪大了眼睛,病房外的走廊空荡荡的,只有几排塑料椅，几盏灯还没有灭；几辆轮椅歪七扭八停在墙边，就像博物馆里的水牛标本。

王老大是下午四点离开的，现已半夜。老妈答应陪我睡在医院里，怎么不见人影？

风从走廊深处吹了过来，我的脚踏在冰冷的磨石地板上。我左右脚轮流去踏小腿肚，让脚暖和一点。呼吸机的泵浦吸唧声在走廊回荡，气氛死寂凄凉。

我听得到自己的噗嗵心跳。

有人在看我。

我很确定有人在看我。

我望着走廊深处的一扇玻璃窗，眼睛眯了起来。

"妈？是你吗？妈？"

没有人回答。

我退回病房，关上门，用力摇头——几乎要——是的——几乎要——恍惚迷乱，就像我在安图生老宅一样，那是一种被控制的感觉，非常强烈。

我重新把门打开，径直朝那扇窗走去，我的汗毛竖了起来。

她从窗边冒了出来,活像一具出土的木偶,手脚的关节似乎都是坏掉的。

一阵电流通过身体般的麻痹感,使我动弹不得。

"谁?"我喊了一声。

我无法支撑,恐惧几乎把我淹没。

"你不记得我吗?"

她在我脑里轻声问道,隔着玻璃,对我咧嘴一笑,露出又尖又长的白牙。

我那微小而敏感的神经喀嚓一声断了,双脚再也支撑不住,身体一软,跌倒在地。

她朝我眨了眨眼,而我张口结舌。

为什么这张脸似曾相识?鲜红的嘴唇,黑雾般的头发,诡异的笑。这笑容在安图生老宅里看到过,是墙上的那幅肖像画?

我像搂着救生衣似的搂着自己,全身冰凉。

"记得吗?"

她又在我脑里轻声问道，嘴唇鲜红欲滴。

我站了起来，用力甩了甩头。

她起伏的发浪让我有沉入海底的感觉，暂时听不见任何声音。

她的面目像烟一样散开，模糊，又像雾一般聚拢，浮现。

我脊椎一阵酥麻，心脏仿佛在滚烫的水里翻腾着。

"咦。"

她说，向我走了过来，一双眼睛又红又亮，像两道新划开的伤口。

"咦。"

她说，朝我伸出手来，半透明水银似的手臂越来越近。

我的意识登时凝固了，身体因为思想集中而弓了起来。

"她来了。"

我说，没了骨头似的又倒下去，意识啪的一声折断。

3

没预料会有访客，是心理医生。我没有邀请过他。

"看到一个女人？"心理医生像酗酒的圣诞老公公，半睁着眼睛问我。

我欲言又止。

"年轻人，你看到的什么样的女人？能记得更清楚吗？再想想？"

"嗯。"我看着他耷拉的眼皮，皱了皱眉头。

"你头还晕吗？"他指指自己的太阳穴，"有没有特别的感觉？"

"还好。"

"我看过你的脑波图，好像没什么问题，不过你的情绪似乎不太稳定。"他挪了挪屁股，中风似的打了个嗝。

"请把那个女人的样子描述一下。"

我叹了口气，说："就是遇见一个不认识的人罢了。"

"两次遇到她，你都昏倒了？"

"那是被吓的。她看上去跟鬼一样,非常恐怖。"

"你不记得自己认识她,是吗?"

我点点头。

"也许有些特征像你认识的女性,比如说……"

"喔——"我想了一会儿,认真地摇摇头。"没有。"

"她对你做了什么吗?"

我想到两道鲜红的眼睛,不安地挪了挪身体。

"没有,什么事也没有,就是嘟哝了一下。"

"嘟哝了一下?什么样的嘟哝呢?年轻人?"

"咦——"我说,拢了拢前额的头发。"她说'咦',一声'咦'。"

"'咦'?"

我不再回答。

他用钢笔在病历卡上写了点东西。

"你现在能看见她的脸吗?能听到她的声音吗?"他说,"试着在心里叫她,看她能不能出现。"

"不要!"我说。

"我不要!"我激动地挥了挥手,眼前一阵发热。

"好的,鲁超锋。"他淡然一笑,脸上像罩了一层蜡做的面具。

"我们到此为止吧。"我说。

"这个问题总会解决。"他用笔敲了敲病历卡表。

4

"他心理上没什么毛病。就是有时会进入'自动催眠'状态,不是什么畸形。"心理医生说。

"自动催眠?"我妈尖叫,"是不是也属于神经病?要不要治疗?"她捂住嘴巴,几乎要哭了出来。

"那只是一种精神融入以致失去理智的短暂行为,就像突然睡着一样,不用特别担心。"医生问:"他最近有受过什么特别的刺激?"

我和妈交换了一个眼神。

"我闯入一座老宅。"我小心翼翼地说,"后来被宅主追打。"

"喔,这有点意思。"医生说在沙发上竖直背脊,"在心理上,那个宅主对你造成一个很大的刺激。你的大脑回路产生一条曲折的路径,就像车子开错了路,刺激出新的突触系统,造成幻觉。"

"问题就在这里,你是被吓到了。"医生掀起耷拉的眼皮看看我,又看看我妈。"我有一个中肯的建议——我认为他一定要去做。"

"会的,医生。"我妈用力地点头。

"回去找宅主,"医生说,"试试'澄清'。"

"'澄清'是一种心理康复模式,又叫'真相揭露'或'事实回溯',能让受惊吓的人恢复过来。可以试试。"医生用笔尖点了点病历卡。

"再闯老宅?"我说。

"跟宅主聊聊,了解他是一个什么样的人,他做了什么事,对你做了什么事,重新看待你跟他的关系。"医生嘴角微微一翘。

"再见一面?"我说。

"重新催眠。"医生对我深深一笑。

5

我站在安图生老宅前,一动也不动。

浇花水枪歪歪斜斜地挂在铁栅上,滴水把地面弄得湿漉漉的。

太阳从西边破败的砖墙间斜射过来,拉出安图生一个长长的投影。

看着他低头忙活着,我不由得烦闷起来。

又是这里,该死!

他在用铁锹挖泥土,我朝天空做了个鬼脸。

挖尸坑吧?怪人一枚。

我心烦意乱,脑子里突然浮现一幅图画:心理医生躺在小小的病床上,头上罩着蕾丝小花帽,双眼圆睁。

不行,振作,不要乱想。

医生说试试"澄清",所以我回到这里,对吧?

安图生挖了一会儿土,停下来,在端详什么。

我叹了口气。

他转过身子,看了过来。

他戴着小圆眼镜,圆脸上透着沉思的表情,一绺头发往左边掉了下去,露出又高又圆的额头,眼睛里满是血丝。

"你又来了。"他放下铁锹,提了提腰带。

"是的。"我让自己尽量吐字清晰,"打扰了,我来看您,真是抱歉。"

"户口要不要迁过来?"他像肉店屠夫慢慢走到铁门前,"同党呢?"

"嗯……他们不需要来……"

"不需要来?"他说,"你就需要?上次你是怎么回事?"

"我病了。"

"很吓人的,还为你叫了救护车。"

"心理医生说我是自动催眠了。"我略带迟疑地回答。

"什么催眠?"

"我也不清楚。"我说,"总之有点反常——失神、想吐、烦躁、产生幻觉。"

"听起来很像怀孕,年轻人。"他说。

"怀、怀孕?"我压抑住羞愧的情绪。"我真的很怪的!像中邪了!"

"好啦!好啦!总之你身心不适嘛,对吧?"他沉吟片刻,"我不太清楚你是怎么回事。你生病就找医生,我只是一个作家。能不能别盯着我?"

死胳肢窝老头!

我右手攥紧左手。

"我得换衣服了,还得洗洗。"他看看自己衣袖裤腿上的污泥,从裤子臀袋里掏出手帕抹抹脸,提起铁锹往门廊走去。

我把铁门推开,让自己又一次踏进这个院子。

"你是真的来看我?"他回过头来说。

我微微一笑,耳朵热得发胀。

"你别期待太多。有需要,咱们不妨聊聊。"他站在门廊里说,"小心院子里的'配色'。"

我这才发现左边的泥地画了一些方格子,每个格子里分别写着颜色的名称,字迹潦草。

```
        ┌───┐
        │ 黄 │
    ┌───┼───┤      ┌───┐
    │ 青 │ 紫 │┌───┤ 红 │
    ├───┼───┤│ 金 ├───┤
        │ 绿 │└───┤ 黑 │
        └───┘    └───┘
```

"我今天在'配色'。"他说着扭开门锁,进了房屋。

配色?我想,这个胳肢窝老头又干了什么怪事?

6

我在门口站住了,客厅里没人。我的目光从客厅移到楼梯下的一团黑色身影,老头蹲在那里的姿势很奇怪。

"先生?"我说。

我走过去,见他身体蜷得穿山甲似的。

"该死,到底是哪种青色?"他呢喃着,凝视着面前的一张稿纸。"亮蓝?蓝紫?还是靛青?"

他回头瞥了我一眼。

"我爱这幅'画面',"他说,"但'青砖'是什么样的'青'?暗黑青?还是靛青?"

我摇摇头,像只落水狗似的抖了抖肩膀。

那张稿纸被钉在楼梯下的墙面上,要蹲下来才能看清其中的文字,是用铅笔字写的。

堂屋里暗着,门的上端的玻璃格子里透进两方黄色的灯光,落在青砖地上。朦胧中可以看见堂屋里顺着墙高高下下堆着一排书箱,紫檀匣子,刻着绿泥款式。正中天然几上,玻璃罩子里,搁着珐琅自鸣钟,机括早坏了,停了多年。两旁垂着朱红对联,闪着金色寿字团花,一朵花托住一个墨汁淋漓的大字。在微光里,一个个的字都像浮在半空中,离着纸老远。

我头皮发麻了起来。

"这谁写的?"

他不理睬我,像是装着没有听见。

"你瞎了吗?鲁超锋,你没看见颜色?'画面'的颜色？"

"先、先生，请您不要那么激动。"

他的眼睛野兽似的，闪闪发光。

"你看到黄色了吗？"他的手滑过文字，手抖得像生锈的弹簧，指甲缝里有黑色泥土。"那是鸡蛋般朦胧的黄色，真是太美丽了！不管在什么时候，朦胧的黄色都会给人温暖的感觉，一种模糊的包围感。"

"安老先生？"我扭了扭腰。

"看看画面里的墨汁！"他冲着我大喊，"那是浮在金色底子上的啊！"

他抓住我下垂的双手，紧紧捏着。

"鲁超锋，这是张爱玲《倾城之恋》中的'画面'哪！啧啧，何等优秀的构图与配色！"

我尴尬一笑，朝他眨了眨眼。

"我的天！好浓的暗色调！"他一只手抓住自己胸口，一只手在我的手臂使劲用力。"黑色与金色的搭配是不会出错的！"

"哪来这么多颜色?"我说,"什么也没看到。"

他笑了起来,笑得让人无法防备,非常意外。

"我经常从句子里看见颜色。"他说。

"一个好的作家,懂得在句子里涂上颜色,使人身临其境。"他龇牙咧嘴扮了个鬼脸,"明不明白?"

我用力抽回被他紧握着的手,敷衍地点了点头。

"句子里的颜色不止一个。前面的词,会被后面的词修正、充实、上色;前面的句子,会被后面的句子修正、充实、上色。图像一个接着一个,颜色是一笔一笔叠出来的。非常漂亮。"他说。

"安老,您说的是这段文字?"

"你先是觉得暗,黄色的灯光透进来,你看见了青砖,接着看到了紫檀匣子。"他说。

我闭上眼睛,皱着眉头想象。

"很快的,你就看到靠墙居中摆着一张天然几,上面有一座停止计时的珐琅自鸣钟。"他顿了顿,似乎在等我陷入那个画面。"最后你会看到对联的颜色,朱红,烫金，饱满的墨汁。"

我清了清嗓子，"好浓的墨汁啊！这是浮在金色底子上的啊！"

他笑了笑，手搭上我的肩膀，挣扎着站了起来。

"听懂了没？配色是需要学问的。"他说。

我眨了眨眼，吞了吞口水。

"暗色调与亮色调，浓与淡，几种颜色在画面的上比例与分布……"他指指钉在墙上的文字，"好好看，好好欣赏作者意念中的配色。"

7

他的脑袋歪向一边，像被什么人用力拧了一下，眼眶不知怎么居然镶上一圈红色。

我疑惑地看着老头。

"很多人并不了解，"他背着双手说，"句子里的颜色是搭配设计过的。"

"作家也是设计师？"

"一个好的作家,对别人的知觉非常敏感。"

"知觉?"

他不耐烦地挥了挥手。

"比较亮的颜色,会让人兴奋;比较暗的颜色,会让人情绪低落。要了解颜色引起的情绪反射。一个好的作家,能操控读者的感觉,比如让你从文字所传达的颜色中,感觉刺激,感觉放松,感觉紧张。"

"操控?"我格格笑了起来,"真的假的?"

"真的。"他犀利地看着我,"作家知道你会看到什么,感觉到什么,不骗你。"

他从到窗台拿起一本摘抄本,叫我看巴金《秋》中的一段文字。

觉民站起来。他不去点灯。他咬着嘴唇默默地在房里踱了几步。月光把他的眼光引到窗外。那里是一个洁白、安静的境界。芍药,月季,茶花,珠兰和桂树静静地立在清辉下,把它们的影子投在画面似的银白的土地上。他的眼光再往屋内移动。挂着白纱窗帷的玻璃窗非常明亮。觉新的上半身的黑影仿佛就嵌在玻璃上面。他垂着头,神情十分颓丧,坐在那里。

"白色的花园,白色的窗帘,透明的玻璃,然后一个剪影。"他说。

"看到了。"我说,"没有什么颜色,只是黑白。"

"你再看看,再想想,就像你在看黑白调子的水墨画时,脑子里呈现的不只是黑白。"他用单臂拢住我,引我走进阳台。"黑有层次变化,即墨分五彩,这个以后再说。"

我能感觉到他硬邦邦的肋骨,板直僵硬的身体,体温却热得发烫。

"你看下面这个小院子:泥土、花朵、乱草,它们颜色的对比,红色跟绿色……"他说,"想象一下,鲁超锋!下雨天,在院子里,一个小女孩跨泥沟,不小心腿上搭上一大片泥。"

"把你的目光集中在她的小腿上,画面拉近,再拉近。看到没?白皙得像刚从土里挖出来的竹笋尖,被刷上一大片黑泥。你看看那个黑,是不是因为有了白变得更黑了?再看看那个白,是不是因为有了黑而显得更白了?"

"好像是耶,"我咕哝着,抓了抓头发。"是更白了。"

"当一个黑点出现在白纸上的时候,黑点就会成为焦点。"他说。

"会很突出。"我随便应了一句。

"是的,在视觉上很突出。"他微微一笑,"现在想想,配色也不那么复杂了,是不是?"

我点点头,又摇摇头。

"鲁超锋,试试反差很大的颜色放在一起,再试试反差很小的颜色放在一起。"他说。

"反差很小的颜色,比如银色跟灰白色?"我说。

"开窍了?嗯?"他说。

"别取笑我了。"我好像要流鼻涕了,摸了摸裤袋,确认自己有没有带了面纸。"

"我们做个练习。"他朝我抛了个媚眼,"我喜欢跟聪明人一起玩游戏。"

8

壁炉大得不成比例，占了所在墙面的三分之一。百叶窗盖得严严实实，闻得到一股烟尘味。我感觉压抑、阴暗。

天哪！像在阴森森的墓穴。我的话到了嘴边，想了一想，又吞了回去。

他没有开灯，只顾窸窸窣窣地找东西。

"大概就这些了。"他说，"有些题目太难，肯定不是你的智商能处理的，你也清楚。"

清楚个头啦！

"年轻人，哪一题先？"他扬一扬手中的两个信封。

"那个？"我指了指左边一个信封。

"非常好。"他说。

我用近乎嫌恶的眼神看着那个信封，把一张字纸抽了出来。

叶子转黄，羊齿植物变成铁锈色。栗子爆壳而出，鬼影般的雾翻滚于每一个山谷，挡住微弱的阳光。蛞蝓爬过，留下银白色的痕迹，地上留下点点小坑，惆怅感油然而生。（Claude Michelet）

我瞥了一眼，没有什么兴趣。

"很多植物，有蛞蝓，有烟雾。"我说，"也许是太阳刚升起的时候？"

"鲁超锋，内行看配色，看作者意念中的配色。"他说。

"好吧，你要我怎么做？"我说。

他拿出一叠印有各种颜色及其名称的卡片。

"这是色卡，研究配色的工具。"他说。

"喔，"我看看色卡，再看看字纸，"看作者意念中的配色，太难了吧？"

"有点耐心，年轻人，闭上眼睛，让这段文字里的画面在脑海浮现。"他说，"'羊齿植物变成铁锈色'，这铁锈色是深红，接近于咖啡色。"

"栗子是咖啡色，我想没有问题。"我伸手去拿咖啡色的色卡。

"栗子爆壳而出，"他干巴巴地笑了两声，"那是乳白色。"

"你的意思是，乳白色配上烟雾的灰白色？"我抬头看了他一眼。

"白色不只是白色。这个作家从乳白、灰白、闪亮的银白，拉出许多层次。"他说。

"蛞蝓的足迹像蛋清一样？"我说。

"配色，"他空洞地说，"不是对比，就是调和。"

"要想成功创造画面，配色的技巧一定得熟练。"他抽出乳白、灰白、银白三张色卡。"这几张送你。"

我格格傻笑着，低头看表，16点50分。我忽然想到方文山，就是帮周杰伦写歌词的方文山。方文山有一次在电视节目里说，写歌词要先想画面。这跟老头说的"画面"是一个意思吧？

"写作是创造一种'图像'，一种诱人并勾起你幻想的'画面'。"他说。

"还有呢?"我说。

"小朋友,再拿一个信封。"他倾身向前,向我投来鼓励的目光,并用食指在空中画了几个圈。

我打起精神,把第二个信封里的字纸抽了出来,边看边笑。

在远端是一座白色桃红边的房子,大概有十几个谷仓那么长,周围堆满了松软的干草。这廉价的乡村建筑上大约每隔十英尺便插着一面国旗,在晚风中招展着。房子里窗帘下面的垂饰都是小国旗,上面用亮蓝色颜料写着:"北方各县博览会"。(史蒂芬·金《手机》)

"这题蛮容易。"我用指尖弹了弹字纸。

"怎么说?"他双手合十,兴味非常地望着我。

"用红色给白色房屋镶边,周围堆着棕色干草,小国旗上面有亮蓝色的字。"我选出四张色卡,沉吟了一会儿。"亮蓝色是画龙点睛,是不是?"

他对我微微一笑,好像隐含着什么秘密。

"有——"他故意拉长声音,"有——道——理——"

我一吓,缩了缩身体,后退半步。

"年轻人,继续说。"他的声音低了下来,"我想听你多说一点。"

"嗯,配色,旗子上面的字是亮蓝色的,那么旗子的底子是什么颜色呢?"

他咧嘴笑了,红色牙肉露了出来。

"问得好,非常好!反差最大的是互补色,反差最小的是相邻色。"他把一只手放在唇前,做了个莲花指。"蓝色与橙色互补,橙色与黄色、红色相邻。想突出蓝色,用橙色或红色或黄色作底子都可以。"

他的食指轻轻滑过人中,停在了右边脸颊。

"安、安先生?怎、怎么了?"

"没怎么啊,一起做练习真是有趣。"他对我眨了眨眼,"我们应当继续,莫辜负光阴。"

我笑了起来,笑得像只瞎眼的蝙蝠。

他要是神经没问题,我生儿子没屁眼。

9

我发现还有一个信封,封面是鼓起的。

这个信封积着厚厚的灰尘,我吹了一下,散开的灰尘呛人。

我用力一抽,信封里是一张旧报纸,纸质有点脆了。

我把报纸摊开,一张照片掉了下去。趁它还没掉到地板上,我一把捉住。

我把照片放在桌上,皱起眉头,照片里的人有点眼熟。

我去浏览那张旧报纸,那些久远年代的新闻纪事。

法国文学骑士勋章……为安图生授勋……

我呆笑着,心想,安老头来头不小。

我用手摩了摩旧报纸,下面空白处有用圆珠笔重重写的三个字母:

sha

我咕噜一声咽下口水。sha?杀人的杀?

我抬头看了安图生一眼,他脸上没有表情。

照片里的人浅笑盈盈,戴着无框圆眼镜,上扬的嘴角似乎藏着什么秘密。

黑色长发,白色身体,蛇一样蠕动推进的身躯。她看到我了,她知道我了。

我闻到唾液里的味道,浑身毛发触电似的竖了起来。恐惧潮水般涌过来,几乎把我淹没。

那个女人的面容陡然浮现,蔓延我的全部感官。一种难以言喻的稻草味,一种焚烧过后的干燥香气,仿佛来自天启。

是她!

我站了起来,向后撞开椅背。

她!

我在心里尖叫着。

墙壁上的女人肖像!

我眼睛凸了出来,嘴巴张得很大,声音却被石头堵住似的发不出来。

安老头和我面面相觑,夕阳把他的头发染成金色。

他看着我点点头。

"杀——"他轻声说,"孩子,杀——"

他颤巍巍地站起来,唾沫四溅,眼神空洞深邃。

"不要过来!"我后退,尖叫起来。"你不要过来!"

提示

1. 一个好的作家懂得把人的（　　）调动起来。

2. 每一个字眼或句子，会被（　　）字眼和句子修正与上色。

3. 好的作家对人的（　　）非常敏感。

4. 画面的配色，如果不是（　　），就是（　　）。

5. 方文山说，写歌词要先想（　　）。

6. 写作是创造一种（　　），一种具有诱惑力并勾起知觉的（　　）。

答案

1. 感官
2. 下一个
3. 知觉
4. 并置　对比
5. 画面
6. 图像　画面

现实链接二

为心眼所见"上色"

一、瞬间

女儿能从数百公尺远的距离，认出粉红色的鞋子、桃红色的澎澎裙、淡粉红的凯蒂猫上衣、樱桃色的小水壶。这些颜色仿佛有召唤功能，在很远的地方就能吸引她的注意。女儿说粉红色有一种"神奇的魔力"，距离再远，她也能"看得到"，"找得到"，"感应得到"，简直神迹。我告诉她，要妈妈打开钱包再买"粉红色的东西"，只能求助上帝。时至今日，她不轻言放弃。

在日常生活里，我们对颜色的领略是瞬间完成的，因为颜色的感染力很直接,易于观看。一棵挺拔高耸的白桦树,一件酒红色的小洋装,一盘黑红黄绿的色拉,都可以引发情绪,激发感情。高饱和度、波长很长的色彩,能让人产生兴奋感;低饱和度、波长很短的色彩,让人感觉抑郁。

看见东西的颜色,对大多数人来讲,都不费吹灰之力。但是看见文章里的颜色,似乎没那么容易。

二、画廊

我的学生告诉我,看出文章里的颜色,是件很痛苦的事情。

"怎么会?"我的尾音有点不自然地上扬。

"情、人、的、眼、泪、如、鲜、血,"我念得很慢。

"鲜血,"我顿了顿,"红色啊!怎么会看不见?"

几个词组成一个句子,几个句子组成一个段落,在文字组合中呈现"画面"。每一个词会被下一个词修正与上色,每一个句子会被下一个句子修正与上色。看见句子里的颜色与看见画里的颜色，完全是两回事。画的颜色能瞬间呈现，瞬间接收，瞬间感受或理解。文字里的颜色，要顺着一个个字眼去读去想才能在脑中浮现。

我们不妨想象自己的脑子里有一画廊，读到"叶子转黄"，"羊齿植物变成铁锈色"，"栗子爆壳而出"，脑中就会逐一浮现相应的画面及其配色。

这"可视化"过程是一种"映像"能力。瞬间浮现句子中的画面与色彩，需要训练。

要引导孩子唤起第一个句子的画面，唤起第二个句子的画面，唤起第三个、第四个……鼓励孩子将这些脑中画面汇成一个整体，集中唤起一种情绪或感觉。通过这些训练，孩子就能看见句子里的景象与颜色，领略其意象。

三、示范

以彭见明《那人那山那狗》为范例。

葛藤坪有一片高低不等的黑色和灰色的屋顶，门前有一条小溪。小溪这边菜田里,有人在暮色里挥舞锄头,弓着腰争抢那快去的光阴。黄狗又跑到一个穿红花衣服的女子身边停下来,不走了,高兴地在她身边转着。

引导对话:

孩子,闭上眼睛,深呼吸。

葛藤坪有一片高低不等的黑色和灰色的屋顶。我们停一停,看看清楚。

(停顿,等待。)

孩子,黑色的屋顶多一些,还是灰色的屋顶多一些?

(停顿,等待。)

把你的手掌张开,举高,两个虎口张开,相对。

告诉妈妈,那片房屋有多宽?比画给我看。

(停顿,等待。)

门前有条小溪。告诉妈妈,小溪怎么绕过房子的?用手比画一下。

(停顿,等待。)

田地上有人挥舞锄头。看见了吗？告诉妈妈，那个人穿着什么样的衣服？短袖还是长袖？裤管是肥的还是窄的？裤脚有没有卷起来？

（停顿，等待。）

好，我也看见了。太阳已经下山了呢！那人拉出的阴影好长啊！

不要睁开眼睛，我们继续看。

一只黄狗跑过来了。孩子，那是一只什么样的狗呢？大还是小？长毛还是短毛？

（停顿，等待。）

它黄色的毛，是暗黄、亮黄、灰黄，还是什么样特别的黄色呢？

（停顿，等待。）

快看完了！忍耐，不要睁开眼睛！

黄狗跑到一个穿红花衣服的女孩身边停下来。告诉我，那女孩是长发还是短发？穿长裤还是裙子？她笑了吗？脸上什么表情？

（停顿，等待。）

孩子，最后我们一起数数画面里有几种颜色好吗？

以辛西娅·沃伊特《阁楼里的秘密》为范例。

客厅的窗户正对着大宅前面的草坪，厅里摆着一些细腿桌椅，还有一张大大的黑色马鬃毛沙发。雕花的木质壁炉架上方，挂着一幅油画，画的是一个小女孩和一个小男孩。一架小型立式钢琴摆在客厅的一角，钢琴上放着一沓乐谱。

引导对话：

孩子，闭上眼睛，深呼吸。

这段文字在描述一个客厅。我们站在门口，往客厅里看，看清楚。

（停顿，等待。）

孩子，看到那大窗户了吗？窗框涂成什么颜色？有没有窗帘？

（停顿，等待。）

把你的手掌张开，举高，两个虎口张开，相对。

告诉妈妈,那窗户有多宽?比画给我看。

(停顿,等待。)

厅里摆着一些细腿桌椅,还有一张大大的黑色马鬃毛沙发。

告诉妈妈,那些细腿桌椅离你有多远?那张大大的黑色马鬃毛沙发是在右边还是左边?

(停顿,等待。)

壁炉架上方挂着一幅油画,画的是一个小女孩和一个小男孩。

告诉妈妈,他俩穿着什么样的衣服?短袖还是长袖?领口什么样子?小女孩头发有没有梳起来?

(停顿,等待。)

好,我也看见了,小女孩梳了两条辫子呢。

不要睁开眼睛,我们继续。客厅一角的那架钢琴,是黑、亮黑、白,还是什么样特别的颜色呢?

(停顿,等待。)

最后,我们一起数数厅里与窗外总共有多少颜色好吗？

（停顿，等待。）

好了！练习完成。请睁开眼睛！

以罗尔德·达尔《查理和巧克力工厂》为范例。

查理环顾他现在进来的巨大房间，这地方像一个女巫的厨房。在他的四周，许多黑色金属锅正在大灶上沸腾得噗响，水壶在嘶嘶响，平底锅在吱吱响，奇怪的铁机器在当啷当啷、噼里啪啦响。天花板和四面墙上布满管子，整个房间弥漫着烟雾和蒸汽，以及浓郁的香气。

旺卡先生似乎变得比先前更兴奋。他在深底锅之间跳来跳去，掀开一个大锅的盖子闻闻，接着冲过去把一根手指伸进一桶黄色黏液，再把手指拿出来尝尝味道。接着他跑到另一部机器那里，这是一个发亮的小玩意，不断发出啪啪啪啪的声音。每发出啪一声，一粒绿色的大石头弹子就落到地上的篮子里。

引导对话：

孩子，闭上眼睛，深呼吸。

这段文字在描述一个巨大房间。我们站在门口，往里看，看清楚。

房间里很吵，锅子、水壶、机器等各自发出不同的声音。你能区分那些声音吗？哪个东西发出的声音更大一点？

（停顿，等待。）

告诉妈妈，那些黑色的锅子有多大？比画给我看。

（停顿，等待。）

天花板和墙上的那些管子是粗的还是细的？管子在天花板多些还是墙面上多一些？

（停顿，等待。）

旺卡先生把一根手指伸进一桶黄色黏液，再把手指拿出来尝尝味道。

告诉妈妈，那桶黏液是深黄还是浅黄？很黏吗？

（停顿，等待。）

我也觉得它像麦芽糖，你想尝尝吗？

不要睁开眼睛，我们继续看。

发亮的小玩意每发出啪一声,一粒绿色的大石头弹子就落到地上的篮子里。

我们靠近一点,看看弹子的颜色,是深绿、亮绿、草绿,还是其他什么绿呢?

(停顿,等待。)

快看完了!孩子,我们一起数数画面里有多少颜色好吗?

(停顿,等待。)

好了!练习完成。请睁开眼睛!

四、细节

引导孩子"看见"句子中的画面及其颜色,并不容易。你必须领着孩子"进入"画面,让孩子想象自己身处其中,释放感觉。这个过程,你必须学会提问细节。

当你领着孩子读到"这地方像一个女巫的厨房……"时,可以问"锅子有多大","锅子放在房里哪个位置","墙壁是什么颜色"。当你领着孩子读到"葛藤坪有一片高低不等的黑色和灰色的屋顶……"时，可以问"黑色的屋顶多一些，还是灰色的屋顶多一些"，或者问"那片屋顶有多宽"，"小溪怎么绕过房子"。总之，你不断提问，鼓励他去想象，鼓励他在脑中映像，去"看见"，让画面清晰、具体、有感染力。

再做些练习。这是E.B.怀特《夏洛的网》的一段文字：

在初夏的日子里，有许多东西可以给孩子吃、喝、吸、嚼。蒲公英秆充满乳液，红花草球充满蜜汁，电冰箱里装满冰凉的饮料。不管朝哪看都是勃勃生机，甚至把野草梗上的小绒球拨开，里面也会有一条青虫。土豆藤上的叶片背后有马铃薯甲虫发亮的橙色虫卵。

设计问句，追问上述画面中的细节。读到"蒲公英秆充满乳液"，可以问："那株蒲公英有多高呢？汁液从哪个裂口渗出来的？"那么读到"把野草梗上的小绒球拨开，里面也会有一条青虫"，你会问什么；读到"土豆藤上的叶片背后有马铃薯甲虫发亮的橙色虫卵"，你又会问什么。

这是史蒂芬·金《撒冷镇》的一段文字：

月光如水，穿窗入室，给房间镀上一层银色，营造出梦境的气氛。麦特摇摇头，想清醒过来。时光仿佛倒转，他又回到了昨天夜里，他即将下楼给本打电话，因为那时候本还没有住院——迈克睁开了眼睛。眼睛在月光下只闪烁了一瞬间，银光中透着血红色。眼神一片空白，宛如清洗过的黑板，其中没有人类的思想或感情。

请从这段叙述中设计若干问句，追问画面中的细节。

问句是一种压力，能帮助孩子从文句中释放出来，凝聚画面。当你丢出一堆问题时，不必担心孩子答不出来，他们只是停顿一下，重新整理，要有耐心。

亲爱的妈妈们，不要希望凡事立竿见影。要接纳和响应孩子的答案，尊重他们的响应，不要给出建议，不要帮孩子回答。经过这些锻炼，你也许会很惊讶孩子的想象力。

五、结语

从句子中找出画面及其配色，从配色中找出情绪，从情绪中归纳样式。这种过程的练习能有效提高想象力，提高"意象"的构图能力。安图生带着鲁超锋完成了这种练习。

请继续看下去。

梦　境

1

我做了一个梦：阴暗的隧道里，我成了一个氢气球，在追赶女神。

"鲁超锋！"小尖头尖声喊道，"跳高一点，跳得再高一点！你看见了没有？看见了没？"

我身体浮了起来，摇摇晃晃，既惊慌又兴奋。我低头看下面，发现自己被小尖头用线牵着。小尖头猛然拽了一下，让我在半空中颠了颠。

小尖头、王老大，浑身涂满红色油漆，重要部位遮上一块小布，随风微微摆动。一个女人在前面奔跑，秀发如云。

"那里！"王老大大喊。

"看到了！"小尖头踮起脚，猛然一扯气球，惹得我尖叫起来。

"追！"我大喊，身体在半空中摇摇晃晃。

一股暖空气拂过我的屁股，我口中发干，舌头快要顶穿上颚了。

女神奔跑的背影，朦胧得像朵乌云。

一阵闪电刺得我两眼发疼，我眼睛眯了起来。

"怎么回事？"我大喊。

光线如箭刺入隧道，空气电流般划过身体，我驼背缩头，手脚胡乱扑腾。借着闪电，我看见女神在前面缓缓转过身来，是一张苍白无血色的脸，微微发怒的脸。

"浑蛋！"他的声音威严浑厚，像是从地狱深处传来的。

那是安图生，那个胳肢窝老头。

"又来了！鲁超锋！"他的声音几乎震破我的耳膜。

"为什么追我!"他大手一挥,把我从半空中拉了下去。

2

我倏地惊醒,从床上滚到地板上,心怦怦猛跳。

坐起身来,浑身发颤。

从老宅回来已经两天,惊吓的感觉久久不退,呼吸始终顺不过来。我摇摇头,感觉脑子装满沉沉石块,精神恍惚。

风吹动树叶,发出潮水似的沙沙声。我又躺了下去,眼睛瞪着天花板,上面有桂树投下摇曳的影子。

我侧过身体,慢慢闭上眼睛。

那三个字母什么意思?sha?杀人的杀?

我喷着鼻息,脑海里绕了一圈画面:暗室、榔头、紧闭的百叶窗、墓碑似的壁炉、色卡、信封……

房间里悄然无声,我叹了一口气,在捕捉最轻微的声响,想办法让自己沉淀下来。

"杀?"我在黑暗里喃喃自语,"杀什么?"

一些词语在我眼前走马灯:精神病患、杀人凶手、魔人、无辜少女、英雄、救我……

我有一种迷茫的感觉,感觉被卷进一个噩梦,再也醒不过来。想到这里,我颤抖地呻吟一声,用手捂住脸挣扎着坐起来。

3

已是半夜,离十二点还有五分钟。我下床,走向窗边书桌,窗外的树枝随风打在窗玻璃上。我拉开书桌的椅子,坐了下来。

我扭开台灯,在笔记本里画了一条线。

我开始写字,不问自己这个冲动从何而来,我就是要写字。

我的手指滑过倾斜的笔痕,嘴唇动了动。

"让我写出来。"我说。

我写了一个"我"字,心里面好像有一种燃烧,想飞快地写,写在纸上。

我双眼发热,全身骨节格格作响,握笔的手疯狂摇动。

我写了"我没死"三个字。

我在干什么?见鬼了,到底在干什么?

我放下圆珠笔,盯着窗玻璃上黑洞洞的眼睛,仿佛木偶。

当我把这三个字写出来的时候,那种恼人的冲动随之消失了。

我又拿起笔,随意乱画。圆珠笔在纸上发出窸窸窣窣的滑动声,我又有了那种冲动。那种感觉是从未有过的。我挺直腰脊,皱着眉头。

太不正常了。精神失调?没事胡思乱想做什么?真中邪了?

我叹了口气,又看了看这三个字:

我、没、死。

这种没头没脑的句子是哪儿来的啊?

我强迫自己合上笔记本,在深夜里沉沉睡去。

4

我梦见自己醒了过来。

一种奇怪的麻痹感将我淹没。

我躺在床上一动不动,盯着天花板,听着窗外麻雀的吱喳声。

很麻,我的右手很麻,感觉身体在飘飘荡荡。

我翻身望向窗口,几只麻雀正啄着窗台,并对我歪了歪头,米粒般的眼睛像在打探秘密。

我感觉胸口发胀,胀得有点诡异。我盯着盖在身上的棉被,咽了咽口水,用三根手指掀起这被子。

什么?我猛地瞪大眼睛。胸部变得小丘似的微微高了起来,用力按压有疼痛感。

不、可、能,不会,不可能。我揉了揉太阳穴,吓出一身冷汗。

"鲁超锋?"我妈的声音飘了进来,"起床了没有?来吃早餐啊！"

"知道了。"我响应着。

早知道了，早知道我发育了。

见鬼！我怎么突然从男生变成了女生？我朝着胸口眨了眨眼睛，

很久以前，我就开始在自己房间挂不织布的明星海报，当然是我喜欢的女明星。那女明星的微笑非常不真实，让人陷溺其中，无法自持。

我记得那海报黑白底子上跳出一行字"LOVELY GIRL——PRETTY GIRL"是红色的，让人兴奋的颜色。此时此刻，我在梦中想起那行字，却一点也兴奋不起来。

五列中学每周有两节游泳课。我站在镜子前面，心想今天有游泳课，怎么见人？

我取出塑料胶布卷。印象中，有女明星用胶带扎捆胸部。

我用力一撕，拉出一段黄色的胶布条，在胸口比了比。应该没问题。

5

"手扶池边。"教游泳的纪老师说。

我们仿佛是水里的野鸭子列队。

"身要正!"纪老师说。

"身要正!"我们齐声大喊,喊声在游泳馆室里回荡,气势十足。我瞥了瞥后面的小尖头,他表情有点不耐烦。

"吸气,低头。"纪老师说。

我压了压连体泳衣的胸口,深吸一口气,被胶布捆扎的部位发出细微的什么声音。

"吐气,抬头。"

我的神经像拉紧的弦一样,听着同学们的大口喘气声。我呼的一声吐出肺里的浊气,胸口的胶布稍微松开了一点点。

我漂浮在水面上,想象胎儿悬浮在羊水里。我从水面看下去,池底的瓷砖有点飘浮起来的样子,瓷砖上的线条变得弯弯曲曲。

"两腿分开,蹬腿,夹水。"纪老师的声音隐隐约约传了过来。

我屏住气,两脚各画一个半圆然后并拢,又各画一个半圆然后并拢……我换了口气,胸口的胶布又略略松开一些。

一种不祥的预感像电流般窜进脑门,肚子和后背猛地抽紧。

"两手画圆,收腹。画圆,收腹。"纪老师说。

我的手臂用力划水时,胸口的胶布朝低处移动了一点点。我望着水底瓷砖与瓷砖之间拼接处的缝隙,屏息鼓起全身肌肉。

"画圆,收腹。画圆,收腹。"纪老师说。

双臂不断划水,水花四溅,如雪花飘舞。我的意识在水中打转,毛孔灌注所有精神力。

一股黑水从池底缝隙窜了出来,非常浓稠。我瞪大眼睛看着黑水,周围静悄悄的。奇怪的是过了一会儿那股黑水还是很浓,边缘清晰,并没有被稀释。

岸上相当刺眼,纪老师在俯瞰着。他发现我在水中停止动作,就双手叉腰,往池底看了过来。

"干吗?"纪老师说。

我开始害怕,非常害怕,比上次躲在安图生床底下时更害怕,身体像弹簧般绷紧。我想躲避那股黑水,但是身体无法动弹。

"好孩子——"纪老师最后一个字音尖细地飘了上去,飘得我头皮发麻。

我心中惨叫一声,在水里胡乱扑腾。这时胶布完全松脱,我胸口一凛,右手、左手,紧绷的背脊,忽然之间全都自由了。

我两手往水面一压,昂起头,大口大口喘着粗气。

纪老师似乎没看到那股浓稠的黑水,他只是看着我,嘴里不知咕哝些什么,还皱了皱眉头。

我满脸羞愧,惊慌失措地爬上了池岸。

"干吗?"纪老师朝我走来,拖鞋敲在地砖上发出啪啪的响声。

我扭过脖子，扫视泳池，小尖头、王老大、黑金刚等正仰头看看我，水很蓝很蓝，看不见那股黑水了。

我湿漉漉地面向墙壁，夹紧屁股，双肩高耸，两手紧叉腋窝。

"鲁超锋！"纪老师在背后叫我。

我闭上眼睛，深吸一口气。

"转过来！"纪老师冷冷地说，"你脱队了！"

我没有回答。

"你啊——你！"他一只手鲁莽地拉我，"回泳池去！"

我触电似的忍不住尖叫起来。季老师手一松，我就跑了起来。

我跑进更衣室，穿衣镜里面有一群惊愕不已的同学。我穿过走廊，跑出大门。在街道上，我觉得意识脱离了温暖的身体，飘浮到半空。我又一次尖叫起来，泳衣上未干的水滴在阳光里蒸发，旋转上升，蒸腾成点点光晕。

排 列

1

"你又来了?"安图生在墙边摸到电灯开关,打开了灯。"你个纯天然的扫把星,怎么又来?"

我挑了挑眉头,没有说话。

安图生端详我几秒钟,这才笑着敲敲我额头:"鲁超锋,大驾光临,蓬荜生辉啊!"

"对不起,真的对不起。"我格开他的手指说,"见鬼啊!"

"见鬼?"安图生环顾四周说,"什么鬼?说我是鬼?嘴巴挺利的啊!"

"不、不，不是这个意思。"我说。

我叹了口气，对他露出一个皮笑肉不笑的笑容。

"鲁超锋，"他说，"过来，坐下。"

我有气无力地走过去，陷进深绿色的沙发。

安图生给我一条毯子，然后在我身边坐下。

"我不知道你是怎么回事。"他说，"有人在作弄你？也许有什么不可思议的力量。"

我把毯子包在身上，欲言又止。

"也许是那个人。"他的眼睛望向远方。

"谁是那个人？"我问。

安图生用手指轻轻敲打嘴唇，陷入沉思。过了一会儿，他说服自己似的用力摇摇头："没这回事。"

他抬头起来看着我，眼角居然闪着一点泪光。

"你说谎。"他轻轻地说。

我感到自己的脸发热，脑门充血。

"说谎？"我大叫，"我干吗要说谎？我受够了！"

他突然对着我的脸猛地呼出一口气，说："够了，你是够了。"

他把食指放在嘴唇上，示意我闭嘴。

"我安、图、生，是'不安好心'的安，'生不如死'的生。鲁超锋，你不要耍我。"他用手抹了抹脸，"装神弄鬼，颠颠倒倒，你要报仇？"

"我没、没有！"我说。

"哪、哪没有？"他用手按住我的肩头，"你在装疯卖傻？"

"安老先生，不、不是！不是的！"我说。

"不？不是？你个兔崽子。"

"我没装啊。"我抽泣道，"不可能的，请相信我！"

我痛哭起来，潸然泪下，用双手抱住自己双腿。

"救救我吧！"我说，"别跟我开玩笑了。"

安图生摇晃着脑袋，哈哈大笑。

"救你？我救你，谁救我？"他说，"你个孽种，妄想太多。"

"别……别说了……"我说。

我哭到这个程度还是引不起他的同情,我完全懵了。

"你的心思我是猜不透的,我也不想去猜。"他说着拿起一本笔记簿。"你那么会妄想,不如一起来编故事。我整天都在乱写,怎么你不来个好点子?"

"点子?"我说。

"是啊,点子。"他说,"故事不都是想出来的?"

2

安图生低下头,在笔记簿里写了十几个字:

月落 乌啼 霜满天 江枫 渔火 对愁眠

怎么这么熟?一开始我没想起来。我说:"这是……"

"这是一个排列。"他敲了敲我的头。"一个排列而成的画面,或者说是一串画面。"

"一串?"我摇摇头。"画面还有一串儿的?难道成了糖葫芦?"

"鲁超锋,作文要有画面感。"他发出一声轻叹,听起来既疲惫又在忍耐。"有时候一个句子写出一个画面,有时候几个句子才写出一个画面,有时候一个句子不止一个画面。写作就像串珠子一样,一个画面接着一个画面。"

"张继在这两句诗里,有好几个画面。"安图生闭上眼睛说,"月亮,落下来了;乌鸦,在啼叫;霜天寒夜;江边枫树;渔船上的灯火;难眠的旅人。"

"六个画面?"我问。

"是啊,六个。"他说,"当然,也可以说是这六个小画面排列成了一个大画面。"

"排、排列?"我问。

"这词儿有那么稀奇?"安图生说,"排列,就是按次序排队、安放或编排。怎么这么个水母脑袋!"

他咧嘴笑了笑,然后又显得严肃了:"排列可不是轻松的活,是件困难的事。"

"怎么说?"我问。

"排列画面有很多技巧,这跟拍电影一样。"他伸手拢了拢头发，又拽了一下。"有的人会把画面排列得松一点，几步一景。有的人会把画面排列得紧一点，'意象'穿插得很快，造成一种'醉态'。"

"醉酒的'醉'？"我问。

"感觉会逗留。"安图生说，"画面很多，层次丰富，目不暇接，所以要逗留，与画面比较松的'几步一景'相当不同。"

"就像洛夫的诗句，"他直起腰，停了几秒钟。"'我的面容展开如一株树。'"

我看着安图生，他的眼珠又大又浊，透着森森死气。

"'一切静止，唯眸子在眼睑后面移动。'"他高声背诵。

我用毯子捂住嘴巴，瞪大眼睛四处张望。

"'有人试图在我额上吸取初霁的晴光'。"

"安、安老先生？"

"'壁炉旁，我看着自己化为一瓢冷水。'"他用手按住我的肩膀，两眼闪闪发光。"'一面微笑，一面流进你的脊骨,你的血液。'"

"等、等、等一下。"

"'如裸女般被路人雕塑着。'"他娇媚一笑,"'我在推想,我的肉体如何在一只巨掌中成形。'"

"我听不懂这样的句子。"我说。

"你以为诗人是个疯子,是吧?"

"没有,"我谨慎地望着他,"真的没有。"

"你少来。"安图生摸着自己头皮,"这种句子颠颠倒倒,以你的程度绝不可能听懂。现在你闭上眼睛!"

"啊?"

"闭上眼睛!想象一下我们看到一张脸,一张'展开如一株树'的脸,用力地想。"

我闭上了眼睛,一时间大脑里一片空白。接着有如神迹,许多东西从黑暗中鱼贯而出。我看见了生机勃勃的树、展开的面孔、眼睑等,听见了一瓢冷水倒下来的哗啦声。突然,乳白色身体鼓了出来,巨大的手掌在脑子里忽开忽合。或者说我感觉自己看见了一种情绪,是寂寞，还是伤心？我抱头沉思起来。

"鲁超锋，怎么了？"他问。

"我看见了，但那只是一闪而过的念头而已。"我说。

"非常好！你看见了！"安图生兴奋了起来。"搅和了没？"

"搅和？"我重复着他这两个字。

"这几个画面是不是同时浮现在眼前？叠在一起？"他问。

"就像水烫了猫，猫咬了狗，狗又咬了脚？"我乱说一通。

"有点小聪明呢，年轻人。"他说。

"谢、谢谢。"

"一般来说，一个单纯的画面刺激一种情绪，雪让人感觉到冷，乌鸦的叫声让人感觉到静；多个画面聚在一起，就是多个感觉聚在一起。"

"有点明白。"

"当你深受感动时，"安图生说，"这种'感动'，我称之为'意象感动时刻'。"

我还屁滚尿流时刻呢,我心里说。

他突然笑了出来,笑里没有幽默的感觉。

"屁滚尿流?"他用食指点着我,"我听见了。"

一时之间,窗帘噗噗乱响起来。

耶?为什么他能听见?

3

窗帘微微一掀,风吹了进来,窗门明明关着。安图生扬了扬眉,带着诡异的笑看着我,那表情是:你说啊,再说啊,坏东西!

墙上有油渍和蜘蛛网,我在墙上的投影像汤勺一样。很多想法掠过脑海,但我不想开口。

"好——孩——子——"那声音好似微风中的风铃,又清、又脆、又细,仿佛来自梦中。

我的心跳到了喉咙眼,那不是安图生,是一个女人的声音。我没法四处张望。有很长一段时间,我几乎动弹不得。那个声音在靠近我——如果说老宅里的东西真有不可思议的力量——我是逃不掉了。真的逃不掉了，她跟着我，已经不是一两天了。

喔！耶稣基督，阿弥陀佛，亚伯拉罕·林肯啊！这是梦吧！如果真是个梦，就让我睁开眼，狠狠结束这一切吧！

房间实在很冷，非常冷。

"呵——呵——哈——"那笑声甜美而尖锐，微微打颤，离我很近，惹得我耳朵一阵发痒。

我朝后一缩，喉咙干涩地像有砂石刮过。我直挺挺地望着他，他好像失去了意识，乌青的眼眶里眼球缩成小小的银点。我弄不清自己是醒了还是在梦中。

他的脸已经像蜡一样惨白，眼皮在抖动着。

窗帘又微微一掀，我意识到这个东西非常顽固。

"你想怎样？"我说，尽量让声音保持平稳。

他没有理我，双手从膝上移到胸前，又从胸前移到胸前。隔着窗玻璃，路灯下一团薄雾在升腾。我只朝那边瞥了一眼,立即强迫自己把注意力放回安图生的身上。

"怎样?"我问。

一片寂静,他还是没回答。

窗外薄雾中的树枝不停地在摆动,我努力让自己镇定,身体忍不住也摆动起来。

"有话。"他说。

他冰冷的手覆上我的脸颊上,掌心柔软。

"你会喜欢的。"他的声音听起来来像小姑娘,这让我比刚才更害怕了。

"有话,在后面。"他说着将一本笔记簿放在我大腿上。

4

两三张空白页的后面文字露了出来,每段前面有淡淡的编号。

(1)很久很久以前,在遥远的国度里,国王和王后为了拥有孩子,每日祈祷。不久,王后怀孕,生下一位皮肤白得像雪、双颊红得如苹果的美丽公主。

（2）才过几年厄运降临，公主的母亲生重病去世。国王悲痛之余，迎娶新王后。新王后精通巫术，虽然美丽，却骄傲暴躁。她有一面魔镜，能回答她所有问题。为了最在乎的"容貌"问题，新王后几乎天天问魔镜："谁是世界上最美丽的女人？"魔镜告诉她："你是世界上最美丽的女人。"这让她非常安心。岁月如梭，公主很快就出落得亭亭玉立。某日，魔镜回答新王后："你已不再是世界上最美丽的女人，公主才是。"新王后妒火中烧，下达密令，要武士杀掉公主。

（3）武士领着公主走进森林，趁她不注意时抽出刀子，准备执行命令。公主吓坏了，全身颤抖。望着公主湿润清澈的眼睛，武士犹豫了，对公主说："我下不了手，你赶快逃走吧！"

（4）公主逃到森林深处，被一栋可爱的小木屋吸引。公主停下来喘了口气，忍不住推门进去。里面有七张排列整齐的小床，公主非常疲倦，就在其中一张床上睡着了。傍晚，七个小矮人扛着锄头回来，看到一个漂亮的女孩睡在床上，感到奇怪。小矮人们议论纷纷的声音吵醒了公主，她揉揉眼睛，说了自己的遭遇。小矮人们非常同情公主，觉得公主应当留在森林，住在这里。于是，公主留了下来，每天为小矮人们洗衣做饭，过着快乐而平静的生活。

（5）新王后以为自己又成为世界上最美丽的女人了，非常得意。某日，魔镜告诉新王后，公主并没有死，公主才是世界上最美丽的女人。新王后怒不可遏，严惩了那个武士。她把毒水涂上苹果，把自己化装成老婆婆的样子去了森林。公主正在小木屋前唱歌洗衣，王后送上一篮子苹果说："多红多大的苹果啊！"公主拿起一只苹果咬了一口，随即昏倒在地。

（6）黄昏，小矮人们回来，只见公主躺在地上，没有一丝气息。小矮人们很伤心，哭哭啼啼地把公主放进玻璃棺材，举行丧礼。邻国的王子路过森林，被丧礼吸引，停了下来，忍不住赞叹："多白多美的女孩啊！"并俯身吻了公主。奇迹出现了，王子的吻竟让公主大喘一口气，突然复活。小矮人们手舞足蹈，欢声歌唱。王子与公主一见钟情。

我皱起眉头，飞快看了安图生一眼。

白雪公主？

从这六段来看，我确定，是白雪公主没有错。看这故事做什么呢？

"排列段落，可以手抄，或用打字机打，但实在麻烦。"他的声音很清晰，却像来自遥远的地方。"剪贴比较方便，可是用胶水贴上去后就揭不下来了。我觉得只排编号，最方便。"

安图生贴在我身边，只见他鬓角微微卷起。剪影在墙上摇摇晃晃，让我短暂地想起我打算忘掉的那张脸，那张诡异的、充满魅力的脸。

"这六段文字可以这样排列，也可以变换顺序排列。"他说。

"您叫我排列段落？"我问。

"当然了，鲁超锋。"当他再次开口的时候，有点像有沙哑的人妖声，让我寒毛直竖。"情节，排列。画面，排列。工作，就是，排列。"

我垂下头，去看两个膝盖间下面的地毯，肌肉绷得紧紧的。我在想是安图生被附身了，还是我被附身了。一股烦躁膨胀起来，我突然想离开这里，可是好奇心又让我留了下来。

"白雪公主的故事，就是这样讲的呀。难道也要重新排列段落？"我说。

"孩子，不要在开始的地方开始。"他松弛的面孔上只有双眼闪闪发光。"把第三段变为第一段，感觉不一样，试试？"

"第三段？"我从大腿上拿起那本摊开的笔记簿，去看（3），发现这段最为紧张。安图生伸手过来握住我的手，他的手简直冰凉刺骨。

"从最刺激的段落开始？"我问。

安图生眼眶深深陷进颊上薄薄的皮肉，眼球像是葡萄干。

"把第六段变为第一段,也很棒。"他伸手去指(6),食指仿佛是抖动着的果冻。"公主躺在棺材里,王子出现了。把这作为开头很吸引眼球,人们想马上看下去:到底发生了什么事,公主为什么躺在棺材里?接着,让时间倒转,写她的出生,继母的阴谋,遇见矮人……还有谋杀。"

寂静中,安图生的呼吸既深又长。

"懂了吗?"他问。

我看着墙上的剪影,喉管像塞了石头。

5

情节1:狗感染怪病。

情节2:狗群被扑杀。

情节3:开始有村民失踪。

情节4:村长发现村民尸体。

情节5:村长也失踪了。

情节6：村长女儿在森林里找到父亲尸体。

情节7：女主角发现僵尸狗群。死狗复活，攻击人群。

情节8：女主角率领村民作战，死伤惨重。

情节9：发现僵尸狗畏惧某种松木。

情节10：用松木制作武器，战胜僵尸狗群。

"还要排？"我咬牙切齿。

"做完，"他说话的声音很轻，似乎漫不经心，"然后离开，原路返回，没有阻碍。"

我突然又联想到附身。当那东西占据安图生的时候，那东西会把我带走的。想到这里，我又害怕了，站了起来。

"不难。"安图生把我按回沙发，"想想每段情节，照你的思路来排列。"

这个时候，安图生转过脸去，仿佛置身水下，动作僵硬缓慢。

"闭上眼睛，集中精神，想象画面，看见没？"他的声音越来越低,几乎听不见。假如不是看见嘴唇在动,我会认为这是心电感应。

"好孩子,同样一个故事,同样那些情节,不同的顺序会产生不同的效果。这就是结构的力量。这个故事相当有趣,你试试?"

"如果我不呢?先生,这可不是学校的作业,对吧?"我说,"我要走了,我要回家,尽快回家。"

"用不了多久,超锋。"他亲切地说,"用不了多久,就能回去。"

安图生直起腰望着门口,朝那里呼了一口气。只听见门锁咔嗒一声,安静让我屏住了呼吸。

安图生坐在那里,好像神游天外。

"别回去。"他声音梦呓似的,目光呆滞却又穿透了我。

"排完再走,听到没?"他说。

"好吧。"我带着哭腔,"我排,就排。"

6

耶稣基督,阿弥陀佛,亚伯拉罕·林肯啊!他叫我做,我就做吧!问题是,该怎么做?从哪开始?我扫视页面。

1、2、3、4、5、6、7、8、9、10,总共有十个情节。我翻了白眼。

这类故事很常见:狗群染病,成为恶魔,救世主百折不挠,以智取胜。不妨取名"人类大战僵尸狗"。

情节3:开始有村民失踪。

情节4:村长发现村民尸体。

我的手指在情节3和情节4来回摩挲着。

我以为他会催我,可他只是挺直背脊,一脸严肃地望着我。这是一种监视,眼神干涩而锐利。

我用铅笔圈起3、4,用箭头符号将其置顶。

他的身体摇晃了一下,仿佛承受重担的人是他。

"村民失踪了,村长发现尸体。你这样开头对吗?"

"你……你说过，从刺激的……开始。"

"我没这样说，但有这样的意思。"他将手搭在我的肩上，微微晃动。"不错，就这样。发现村民尸体，后来呢？"

"我想……"我闭上了眼睛，在脑海深处召唤画面，现在，失踪村长的脸浮现眼前。我把手握成拳头，深吸一口气。

"后面，我会接上情节5、情节6。"我睁开了眼睛，发现安图生像个默不作声的影子，背着光，似乎没有了呼吸。想到这里，我不禁打了个冷战。

村民死掉已经够很恐怖了，连村长也不见了，就更恐怖了。我用全身力量握紧拳头，希望这能表明，自己已经集中注意力了。

"这个故事一开始就有力道，铺天盖地的气势。"他幽幽地说，"找到那么多尸体，是不是该讲一下那些人的死因？也就是该讲讲狗的病了，对吗？"

"是的，该谈谈凶手了。"我冲他僵硬地一笑，"让村长女儿发现凶手是狗，现场留下爪印什么的……"

"狗为什么会变成凶手？是不是先讲讲狗感染怪病、狗群被扑杀的情节，对吗？"不等我回答，他说："你是这样排的，3、4、5、6、1、2、7、8、9、10。"

"我大概会这样，7、8、1、2、3、4、5、6、9、10，从快要结束的地方开始。"他狡猾地瞥了我一眼，把这两种排列的顺序写了下来。

我看着笔记本，叹了口气。

"发现尸体，是迟早的事了。对吧？"他用食指滑过这两排数字。

我用力摇头，摇得跟个拨浪鼓似的。真是见鬼。

安图生皱起了眉头。

"做完了。"我说，"我可以走了吗？"

"走？不可以。"他轻声说。

"什么？"我大喊。

"等——着，听好，我要你——等着。"他说。

安图生颤抖着笔在纸上写下三个字：

带他走

什么意思？我深吸一口气。

伸直手臂，安图生把这张纸举了起来，这三个歪歪斜斜的字悬在半空。我听到了一个女声，像微风中的风铃声一样清脆飘渺。

床——

底——

那女声飘过来轻触脑门，微微扯动发根。

这些天我已经感觉到她的存在，感觉到她的温度，感觉到她的力量。

安图生看我一眼，眼眶凹陷，像是给人狠狠打了一拳。他举起双臂，左臂伸直，右臂稍微弯曲，十指张开，嘴大张着露出血红色的牙肉。

"来！"他突然弓身，朝我扑了过来。

7

我跌在地上。

他想怎样？

好像有一股稻草的焚烧味。安图生昂头，毫无表情。我盯着他缩成针尖大小的瞳孔，意志瞬间溃堤。

到底怎样？

我双目紧闭，脑海里他惨白的脸在逼近。

救——

救命！

安图生一把拽住我的手臂，脸贴了过来，嘴里有喀喀声。

我耳朵嗡嗡作响，一股干燥的焚烧气味朝鼻孔里钻，身体瘫软。

救命！

他的眼镜框抵住我右侧太阳穴，喷出的气息暖着我的耳窝。

"来！"他说。

我想躲开，突然之间，不知什么东西落在头顶，眼前一片黑暗。

提示

1. 将画面串连与（　　　），是作家的工作，也是作家的才华所在。

2. 语言文字和素描绘画的视觉再现之间（　　　）。

   A 不一样　　　B 一样　　　C 不知道

3. 语言文字是一种（　　　）排列。

   A 斜线的　　　B 直线的　　　C 曲线的

4. 语言文字呈现的画面就像（　　　），只能一个一个地依次串连在一起。

   A 旗杆　　　B 念珠上的珠子　　C 椅子

5. 剪接跟运镜，是有节奏的。（　　　）

   A 对　　　B 不对　　　C 谁跟你这样说的？

6. 节奏快是指作家把画面（　　　）得紧一点；节奏慢是指作家把画面（　　　）得松一点。

7. 醉态是指画面（　　　）的状态。

   A 目不暇接　　B 零零落落　　C 快快慢慢

答案

1. 转接

2. B

3. B

4. B

5. A

6. 排列

7. A

现实链接三

激发一个故事情节

一、特别

我很早就知道,编一个故事,是当妈妈的关键能力。不对,是最重要的关键能力。相信我,不要怀疑。

"看哪!"我龇着牙,用指尖点住牙床,一张脸活像被雨淋湿的向日葵。"细菌部队在这里!"我斜眼看着儿子,温热的口水从我嘴角滑了出来,仿佛眼泪流错了地方。"它们把刀举起来了!看这里!救命!"

儿子朝我眨了眨眼,拍拍我的肩膀说:"好了,妈妈。"他停了一下,补充道:"不要演了,我懂你的意思。"

"儿子！我也懂你的意思。刷牙！前进！"我说。

刷牙后儿子告诉我，编的故事必须吸引人。

"你要讲得特别一点。"儿子提醒我。

他一脚踏进浴室，像去照 X 光，条纹短袜、白内裤、光溜溜的上身。

"什么叫特别？"我问。

"就没发生过的嘛！"他听起来像是被冒犯了，"有这么难吗？"

他一转身，砰地把门一关。

呜！儿子！说得有道理！

故事就是某个人，在某个地方，发生了某件事。而一个特别的故事，就是指某个特别的人，在某个特别的地方，发生了某件特别的事。

在我 16 岁那年，语文写作课上，老师让我们做了"要是……那会……"的练习。

同学甲说："要是我眼珠上冒出了芽，那会怎样？"

同学乙说："要是我胸口冒出了芽，那会怎么样？"

"会怎么样?"我跟着念了一遍。

"以这句话开头,编一个故事,你们只有十分钟。"老师在讲台上俯瞰我们。

二、开头

很多很受欢迎的故事通常是以"要是……那会怎么样"开头的:

要是恐龙回到现实世界,那会怎么样呢?(《侏罗纪公园》)

要是全世界进入冰河时期,那会怎么样呢?(《明天过后》)

要是一个拯救人命的大好人被控杀人关在监狱里,即将被判处死刑,那会怎么样呢?(《绿色奇迹》)

要是全世界只剩下一个人,那会怎么样呢?(《传奇》)

人类的心智有强大的联想力,只要起一个头,想象会填满空白。

请引导孩子做"要是……那会怎么样"的练习。比如,"如果妈妈变成小孩,那会怎么样呢?"再问孩子:"为什么妈妈会变成小孩呢?"引导孩子进行联想,延伸思考。让孩子把随意想到的点子写在纸上。一开始想出的点子往往混乱,这没关系。把想到的点子写下来,有助于思考。

创造力专家 Michael Michalko 说:人的创造力思考,往往好比水龙头流出的水,要过一会儿才会清澈。很多想法都必须流动一段时间,才能活泼起来,具体起来。请不要担心,让孩子们去想,想法越多越好。

"为什么妈妈会变成小孩呢?"

孩子想到的可能是:"妈妈因为闪电电击变身为小孩。""妈妈被施了魔法变身为小孩。""妈妈喝下了药水变身为小孩。""妈妈坐进时光机变身为小孩。""妈妈因为大地震导致的时空错乱,回到了过去,变身为小孩。"

让孩子把想到的原因写下来,并在其中选一个,用红笔圈起来。

三、联想

在选中的句子里找关键词，比如在"妈妈因为闪电电击变身为小孩"里找关键词。用不同的色笔把"闪电电击"、"变身"、"小孩圈出来"，然后进行联想。

由"闪电电击"想到"下雨"、"烧焦"、"火光"，再由"下雨"想到"淋湿"、"雨伞"，而由"雨伞"又想到"伞架"、"伞柄"；由"变身"想到"旋转"、"缩短身体"、"消失"，再由"旋转"想到"陀螺"、"干衣机"，而由"干衣机"又想到"衣服"、"晒衣架"……每个联想会分别激发下一个联想，每下一个联想又会分别激发再下一个联想，不断激发，联想像树枝一样生长、扩张。

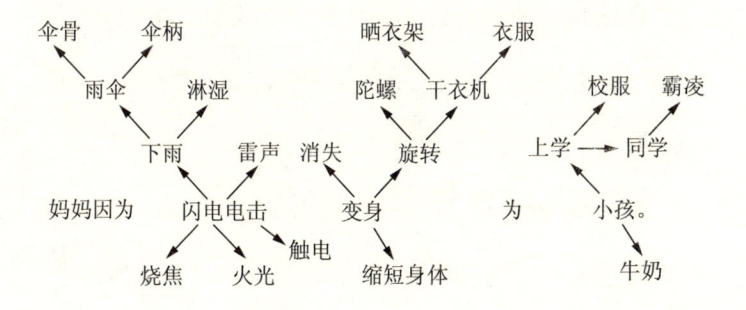

```
伞骨   伞柄           晒衣架   衣服
  ↖ ↗                   ↖ ↗
  雨伞  淋湿           陀螺  干衣机        校服   霸凌
    ↖ ↗                   ↖ ↗              ↖ ↗
    下雨  雷声   消失   旋转         上学 → 同学
      ↖    ↗      ↖    ↗                      ↑
妈妈因为  闪电电击    变身      为    小孩。
         ↙    ↘      ↓                  ↓
       ↓     触电   缩短身体           牛奶
     烧焦  火光
```

四、组织

把树枝状的联想图挂在墙上，让孩子进一步思考词语之间的关联，并配对组合。比如"闪电"与"缩短身体"组合，"火光"与"旋转"组合，"缩短身体"与"校服"组合，"同学"与"霸凌"组合。然后分别以这些组合为核心来组织句子，比如：

"一阵闪电之后，妈妈的身体缩短了。"

"一阵火光之后，周围的东西都在旋转。"

"缩短身体之后，妈妈穿上女儿的校服，跟女儿一起上学去。"

"到了学校，同学欺负妈妈，发生校园霸凌。"

这些句子既是素材，也是产生灵感的温床。接下去的情节，自然是妈妈对女儿在学校的困扰有了切身感受。

五、排列

有了素材后就要做结构，排序，其间还要增减细节，扩充想法，注意情节之间的连接。

情节1：妈妈在一场大雨中被雷电击中。

情节2：一觉醒来，妈妈发现自己变成小孩，就尖叫，向女儿求救。女儿不知所措，只好让妈妈也穿上校服，背起书包，跟着她一起去。

情节3：到了学校，有同学欺负妈妈。

情节4：妈妈跟欺负者打架，女儿劝架。

情节5：妈妈亲身经历了女儿在学校的困扰，对女儿表示理解。

情节6：女儿跟妈妈透露许多心事。

情节7：妈妈与女儿变得无话不说，更融洽了。

情节8：妈妈很想恢复原来的身体，母女俩开始努力。

情节9：在一场大雨中，女儿帮助母亲让闪电击中。

情节10：妈妈恢复原来的身体，快乐大结局。

六、结语

上述联想与排列组合的练习,旨在暖身,激发想象力,引导组织力,让故事说得更加特别有趣。这个故事将要进入尾声,老宅里到底有什么秘密?

请继续看下去。

秘 密

1

我醒来的时候,正被胳肢窝老头扛着——他在上楼梯,肩膀忽高忽低,踏板吱嘎吱嘎响个不停。就像上山,快要到了山顶,这种感觉其实不错。

我的头耷拉着,眼睛眯缝着,周围很亮,壁灯全打开了。再上几级踏板就是二楼。又来了,我居然又来了。我在脑子里轻轻叹息,忘记了挣扎。

到了楼梯口,安图生胳膊一松,我从他肩胛摔到地板上,磕痛了脑袋。

我翻了个身,张大眼睛。

他低下头,双肩下垂,脸色惨白,眼眶凹陷。

"你……"他说。

"干吗?"我问,"干、干吗?"

他把一根手指放在嘴唇上,示意我不要发声。

我开始蹭着屁股后退,一下,两下,三下,四下……退到房门口。

安图生站在楼梯口,一股一股唾沫从嘴角涌出,沿着下巴往下流,滴到地板上。虽然还在呼吸,但我知道他失去了意识。

我大叫一声,安图生也大叫一声。他的叫声跟我的叫声重叠,让我浑身颤栗。

他跨了过来,两个膝盖跪在我的大腿两侧,双手插到我的背脊后面。

"孩子!"他说,在我耳边干笑两声。我又剧烈地抖了起来,几个画面掠过脑海。

第一个画面:我跳上窗台,撞破玻璃,以飞鸟姿势下坠。

第二个画面：一个枕头拍了下来，我眼前一黑。

第三个画面，我双手握成拳头，两腿顶着额头，全身蜷缩成一团，周围很黑很黑，

漫长的几秒钟内，我什么也听不见。那东西抱着我微微晃动，好像在勾引我的灵魂。

我慢慢地恢复了听觉，他的声音显得沙哑黯淡："床——底——"

我像条离开水的鱼一上一下鼓动身体，脑门针刺般疼痛。

"lu——"他轻声说，但手没有放开。"yisha。"

我脑袋胀了起来，精神恍惚，我几乎相信自己已经没有气息了。

"床底。"他对着我的耳朵说。

2

我精神恍惚地看着意识大崩溃的安图生老头。他眼珠翻成鱼肚白，口水又从嘴角汩汩冒出来。

"嘶！呵！luyisha！嘶！"他说。

他用手撑起身体，大口大口喘着气，突然怪叫一声瘫倒在地，不省人事了。

我想叫救命，真的，真的想叫救命，但什么东西填满了喉管，叫不出声音。

我深吸一口气，抽抽鼻子，回头看了一眼挂钟。

十二点零五分，半夜了，没有人知道我在这里。

我靠着墙，心突突乱跳，屋子里陷入不可思议的寂静之中，时间似乎凝固了。

我用手抹抹脸，让自己的思绪恢复正常。

自己吓自己？

全是假的，假的。

对胳肢窝老头有什么好怕的？

我双手捂脸，摇了摇头，在脑中勾勒这个老头：用榔头敲钉子；用铁锹挖泥土；拿着像箭一样的笔，趴在地上，像猎人一样看着床底。

床底？

我像触电一样松开手。

3

我曾在这个床底下躲藏过,知道里面有好几只土黄色硬纸箱,积着厚厚的灰尘。我撩起垂下来的床单重新爬了进去,灰尘使鼻子发痒,想打喷嚏。最外面的一只硬纸箱半开着,显然最近被人动过。我把它拉了出来,不小心把蜘蛛网也拉了出来,让我一阵恶心。

这只硬纸箱里的上面是透明塑料鞋盒,下面是稿纸。鞋盒里的最上面是一张病历报告单:

五列医院
病历报告单

姓名:安图生 性别:男 年龄:38岁
样本号:2046 样本类型: 测试类型:脑部断层
病历号:0003936017 病人类型:急诊 备注:神经性创伤 撞击
科室:急诊外科
额头4公分撕裂伤,Brain CT:脑震荡,额叶出血性血肿。
疑似产生器质性脑病变。
局部脑结构损伤、弥漫性病灶(Focal Vs Diffused lesion),器质性精神症(Organic Mental Disorders)。
患者幼稚、多话、抽象能力差、虚构记忆、意识混乱。建议入院治疗。

我瞪着这张纸发愣,想了想,是真的吗?

这张病历报告单是安图生的,没错。把它放在鞋盒里,难道有什么特别意义?也许,可能,我不知道而已。我叹了口气。

你这个脑子长钉、耳朵灌水的老头。

鞋盒里还有几张剪报、发票,用鞋带扎起来的一小捆发黄的宣传纸,远看就像迷你版的木乃伊。

我一点也不费力地解开鞋带,纸背透着黑字。将宣传纸摊开,第一张、第二张、第三张、第四张……是内容相同的寻人启事:

协寻失踪人口

五列区警局报告:安图生,男,38岁,本区居民,于7月13日下午离家出走,没有留言,至今未归。据他的太太表述,安图生身高5呎6吋、体重120磅,短发,穿灰色西装,带黑色帆布袋。请热心民众加入协寻行列,提供讯息。联系电话……

标题异常醒目,用老式打印机打出来的墨汁微微颤出毛边。

安图生走失?怎么回事?

难道这病历报告单、寻人启事就是床底的秘密？我怀疑还有更让我吃惊的秘密，但是谁知道呢，这老头颠颠倒倒，奇奇怪怪。

我恨不得像他现在一样也沉沉地睡去，什么也不知道。

4

我伸手至一叠稿纸下面，指尖碰到一本东西，很厚，可能受过潮，硬封面有些膨胀不平。拿出来一看是日记簿，内页淡蓝色底纹，夹着红丝带书签。随便翻了一下，有水渍的几页字迹洇化。

密密麻麻的钢笔字，是平日记录，随笔。我翻回到第一页，开始细读。

最近，你爸常出现在我梦里，脸开始变得不一样。他的脑子裂开，长出了花。花茎一路蔓延，在脊柱盘根错节。从眼眶窜出花梗，绿色花苞，真的，我看见了。

三月，他开始斜眼看我，样子有点反常。我以为他又要大吼大叫，甚至挥起枕头，在空中拍来拍去。但是，他却很安静，非常安静，安静得让我害怕。

前天夜里，我被他突然摇醒。"别睡！"他冲着我的脸大叫。

"他不出来！不出来！听见了没有？"他嚎叫着，头撞床沿，咚的一声很沉。"别睡！他不出来！不出来！"

我吓得尖叫起来，浑身紧张，拼命想离他远一点，终于忍不住啜泣起来。

"不要，图生，"我说，"别这样，不要。"

"别睡，亲爱的，别睡……"你爸也哭泣起来。

宝宝，我马上扭亮了过夜小灯，只见你爸面容扭曲，泪水汩汩而下。

医生叫我这个月开着夜灯睡觉，但我常常忘记。医生告诫我，千万别让他生气。

我知道他又发作了，跟医生说得一样，我就平静下来，装着什么事也没发生。

你爸看我不回话，便抓住我的手，把我从床上拽起来。

我以为他又要用拳头吓我,但是没有。他盯着我,右手把他自己的上衣掀起来,露出黑黑黄黄的肚皮。他指着肚脐问:"亲爱的,这是什么?你看,它像什么?"

"图生,这是你的肚脐。"我说。

他摇头,瞪眼,然后说:"这是耳朵。"

"什么?"我问你爸。

"耳朵,"他跷起食指,做出偷听的动作。"它听到,有人说,我在这里。"

"图生,怎么回事?"我心灰意冷。

"嘘!"你爸左手一扬,"小声!有人在天花板设了监听器,你不知道?"

他的眼睛又大又黑,我觉得自己在里面游泳。

"亲爱的,有人说话,你懂不懂?"

"懂。"我回答,觉得虚无飘渺,心无所依。

你爸又开始了,每隔几个月,总会来一次。这种周期性的失控,是在车祸以后。他无法控制自己,越来越糟糕。

宝宝,你爸一失控,我就全身无力。

我的心情陷进层层浓雾。我仿佛看见安图生正在弓起背脊,女人的尖叫声穿越雾障。尖叫变成了幽咽,那女人披着蓬松的长发,嘴唇鲜红欲滴。

传来一声轻轻的叹息,是那么缥缈,我抬起头,屏住呼吸。

5

我与你爸已经很久没说过话了,宝宝。

你爸状况不好,整天待在床上,一动也不动。

他不吃饭,完全不吃。

房间里空气不好,窗子很久未开。他说有人说话,又说有人拍门。但是我知道,家里没有别的人了。除了快递,不会有人拍门。

他的眼睛滴溜溜地转。他在听声音?那些空气里的声音?我虽然不想问,但又忍不住不问:"你这是在……"

"你想让我吃饭?"他的语气像在沉思。他躺在床上的姿势是身体向一边歪,视线仿佛直入我脑袋。

"是的,图生。"我说。

有些东西在他心里膨胀,虽然微小,但是感觉得到。我不该问的,紧张感开始渗入身体。

"你想让我下床,下楼?"他喘着气,胸口一鼓一鼓的。"你……"

"图生,你怎么了?"我说。

"别……吵……"他转过头去,把一口半凝固胶状痰吐到一张纸上。"他们很吵,很……吵……"

我俯身,低到能闻到酸臭的体味、能感觉他的体温,我的头发触到他的耳朵。

"没有,图生。没人说话。"我说。

你爸突然坐了起来,双手捂住耳朵,用惊疑的眼神看我。

"你想打我!"你爸嚎叫道,"老天啊!神啊!你想打我!"

他张着嘴大口呼吸。

我想给他一个拥抱,却被他一把推开。

6

那天车祸,是在中午。

很大一声巨响,我狠狠地撞在方向盘上。

车玻璃碎了,有东西断开,世界扭曲颤动。

有那么一刻,就那么一刻,我身边的东西好像在飘移,头顶有电流似的嗡嗡声。接着从车窗外传来一阵叫喊,我突然庆幸自己眼睛还能转动。

"车祸!"有人叫喊着。那声音听起来像"扯货",也像"车活"。

我回过头,你爸的眼皮耷拉着,手软软地搁在座位上,一动也不动。

拜托没事,真没事。

他安全带是系着的,两腿摊开,嘴半张着,却一句话都说不出。

我心里在对你爸说：求求你没事，真没事。

我转过身去，深深吸气、呼气，然后再回过身来，看着你爸的眼睛。

7

呜！天啊！愿望多么纯洁，绝望又多么深切。我揉揉眼睛，再次埋头读起来。房间里的任何声音，都像被关在天地之外。

疗养院的人下午来过，他们劝你爸去疗养院。

你爸说是我通报的，开始不相信我。

我无法使力，不能强迫他，但让他恢复正常是我的责任。

我没死，宝宝。

心死。

你爸可能好不了，我泪已流干。

你爸真的爱我。他的爱也许是混乱的，但真实而强烈。我看着你爸的脸,看着他的表情,他几乎被催眠了。

他的眼神呆滞,舌头伸了出来,浑身软绵绵的。我要救他,宝宝。

救他。

8

日记簿里出现几行空白,然后又出现"救他"两个字,下面又是几行空白,右角落有几个字好像是被泪水浸湿过,墨水晕开了,看不清楚。

有那么一瞬,我感觉那女人就在这里。

我知道她在这里,真的知道。

我的胳膊凉飕飕地起了一层鸡皮疙瘩,然后,风消失了。我伸手抓住了床脚,抓得紧紧的。在一个疑云密布的故事里,它是一样坚实的东西。我瞪大眼睛,说:"你在吗?"

没有回答。

9

听说等到肚子鼓起来,就能听到里面噗通噗通的声音了。觉得头昏,脑子里像有轮子飞转,白天和晚上都想睡。有时恶心,低下头吐出酸水。寂寞慢慢被一种坚定的决心所取代。

宝宝,你爸不知道我对他下了药。

不让他知道。

他仰面躺在床底下,浑身只剩一件内衣、一条内裤、一双后跟有破洞的袜子。

宝宝,我很想哭,感觉自己无法积聚力量,身体在飘飘荡荡。

我要他睡,让他睡。

他睡着了,就不会反抗了,就能去治病了。

这一篇最后十个字不太整齐,歪歪斜斜,比较无力。大概是她累了。

带他走,把他治好。求你了。

10

我把日记簿放在腿上。

我揉揉眼睛,又翻了一页,看到夹着的一张女人照片,第一次翻的时候怎么没看到呢?照片反面有用圆珠笔写的三个字:

鲁伊莎

我久久注视着这三个字,浑身发冷。

照片上的女人使我想起墙上的那幅肖像画,好像是同一个人:俏皮的翘下巴,长发松松散在肩上,嘴唇又红又亮,笑得有点诡异。我咕嘟一声咽下口水。

鲁伊莎,我心里叫了一声。

那声音很微弱,是心电感应。是我,她说。

我的心在狂乱跳动,但我没有逃走,只是身体抖了一下。我突然理解,以前看到的"lu"是"鲁","sha"是鲁伊莎的"莎";医院里那个女人说"咦",是鲁伊莎的"伊"。

我摇摇头,有点愤怒。

想怎样?鲁伊莎,你想怎样?

难道要我读完你的故事才能走吗?

我眨巴着眼睛,意识到这份恐惧,开始哭了。

11

日记簿里写到了剪报,正好鞋盒里有剪报,我就拿出来看了。

安图生在联合大学文学院畅谈"意象"

在这标题的右下方是安图生的照片与简介,说他是金笔奖得主,照片里的他戴着一副无框圆眼镜,留着油亮整齐的西装头,看上去活像个会计。

另一张剪报是一篇报告文学,报告女编辑鲁伊莎与作家安图生的轰轰烈烈爱情。

爱情?天哪!这两人的爱情故事干我什么事?干吗要让我知道?

第三张剪报很小,是一条讣告。

《文报》总编鲁伊莎因癌症去世……

我叹了口气,打算将这三张剪报细看一遍。这时,传来了安图生的呻吟声。

12

这胳肢窝老头醒过来了,在抬头张望。

他匍匐前进,两眼放射光芒,喉咙发出低沉的呜咽像是风声。

他头顶上有一团薄雾。我挺直背脊,注视着薄雾中的晨曦。

这光线太美了。即使我从未来过这里,此时的感觉却像回家。

"伊莎……"他说。

她从泛黄的照片里走出来,朝我们微微一笑,随即消失。

风声过后,一片沉寂。

后　记

我们为什么会受到感动,这是审美哲学中的关键问题。

"哇!好感动喔!"

当我们这么说的时候,情绪与想象力已被调动起来,热情高涨,身心愉悦畅快,或恍惚、宁静,陷入一种知觉被连续的刺激里。

情绪是由大脑里的"意象"(意念中的形象)挑起的,优秀的写作者是"意象的魔术师"。他们组织"画面",创造平衡与不平衡,让读者产生心理或知觉的美感。

写作能力是可以锻炼提高的。希望通过这本小书,让我们埋下一颗种子。希望天下的母亲都能领着孩子去看见意象、组合意象,学习组织情节,讲好故事。

让自己飞吧!亲爱的母亲!

这是一个体贴您难处、祝福您快乐的母亲,送给您的礼物。

2013 年 11 月　上海徐泾东

```
图书在版编目（CIP）数据

老宅的秘密：学习作文的一种途径/十方著.——上海：
文汇出版社，2014.11
 ISBN 978-7-5496-1265-9

Ⅰ.①老… Ⅱ.①十… Ⅲ.①作文课－小学－教学参考资料
Ⅳ.①G624.243

中国版本图书馆CIP数据核字（2014）第203016号
```

老宅的秘密：学习作文的一种途径

著　　者	十　方
责任编辑	朱耀华
特约编辑	谢海阳　甫跃辉
装帧设计	张志全

出版发行　　文汇出版社
　　　　　　上海市威海路755号
　　　　　　（邮政编码200041）

照　　排	南京理工出版信息技术有限公司
印刷装订	江苏省启东市人民印刷有限公司
版　　次	2014年11月第1版
印　　次	2014年11月第1次印刷
开　　本	850×1168　1/32
字　　数	50千
印　　张	5.875
印　　数	1-1600

ISBN 978-7-5496-1265-9
定　　价：23.00元